ସହସ୍ରାବ୍ଦୀର ସ୍ୱାକ୍ଷରିତ ପାଣ୍ଡୁଲିପି

ସହସ୍ରାବ୍ଦୀର ସ୍ୱାକ୍ଷରିତ ପାଣ୍ଡୁଲିପି

ପ୍ରହରାଜ ସତ୍ୟନାରାୟଣ ନନ୍ଦ

BLACK EAGLE BOOKS
2022

BLACK EAGLE BOOKS

USA address:
7464 Wisdom Lane
Dublin, OH 43016

India address:
E/312, Trident Galaxy, Kalinga Nagar,
Bhubaneswar-751003, Odisha, India

E-mail: info@blackeaglebooks.org
Website: www.blackeaglebooks.org

First International Edition Published by
BLACK EAGLE BOOKS, January 2022

SAHASRABDEERA SWAKSHARITA PANDULIPI
by **Praharaj Satyanarayan Nanda**

Copyright © Praharaj Satyanarayan Nanda

All rights reserved. No part of this publication may be reproduced, stored in a retrieval system, or transmitted, in any form or by any means, electronic, mechanical, photocopying, recording or otherwise without the prior permission of the publisher.

Cover & Interior Design: Ezy's Publication

ISBN- 978-1-64560-247-7 (Paperback)

Printed in the United States of America

ପରିବାରର **କନିଷ୍ଠବର୍ଗଙ୍କ**
ହାତରେ...
    - ପ୍ରହରାଜ ସତ୍ୟନାରାୟଣ ନନ୍ଦ

ପ୍ରହରାଜଙ୍କ ସାହିତ୍ୟକୃତି

- ନୀଳହଂସର ଜ୍ୱାଳା
- ଅଧପତନର ଛନ୍ଦ
- ଶବ ସଙ୍ଗମ ଓ ଅନ୍ୟାନ୍ୟ କବିତା
  (The intimate circle - Translated by MK choudhury)
- ଜିଅନ୍ତା ଶଳଗ୍ରାମ
  (The petals of Love- Tr by Rajendra Acharya)
- ସପ୍ତଦ୍ୱୀପା ବସୁନ୍ଧରା
- ସନେଟ ସା
- ହିରଣ୍ୟୟେନ ପକ୍ଷତ୍ରେଣ
- ହିରଣ୍ୟୟେନ ସବିତା ରଥେନା
- ବର୍ଷାର ପାଦରେ ନୁପୁର
- ରେଶମୀ ଡୋରରେ ବନ୍ଧା ଗୋଟିଏ ପକ୍ଷୀ
- ନକ୍ଷତ୍ର ସଙ୍ଗମ ଓ ଅନ୍ୟାନ୍ୟ କବିତା
- ଶ୍ରୀରାଧାର ପୂର୍ଣ୍ଣାଙ୍ଗ ଆଲୋଚନା (Review)
- ହାତରେ ମଶାଲ ଧରି ପାହାଡକୁ ଉଠୁଥିବା ଲୋକ
- ଶ୍ରେଷ୍ଠ ପ୍ରେମ କବିତା
- ଶ୍ରେଷ୍ଠ ପ୍ରେମ ସନେଟ
- ସାତଟି ଦୀର୍ଘ କବିତା
- କବି ଅନନ୍ତ ପଟ୍ଟନାୟକ
  (Monograph)
- ଗୀତ ଗୋବିନ୍ଦକୁ ଇଂରାଜୀ ଓ ଓଡ଼ିଆରେ ମୁକ୍ତଛନ୍ଦରେ ଅନୁବାଦ

ଆଧୁନିକ ଯୁଗର ଅନ୍ୟତମ ପ୍ରବକ୍ତା ରୂପେ ଅନେକ କବି, ଦାର୍ଶନିକ ଓ ଲେଖକଙ୍କର ସମୁଜ୍ଜ୍ୱଳ ଦୃଷ୍ଟାନ୍ତ ଶ୍ରେଣୀଗୃହରେ ଓ ବାହାରେ ଉଦ୍ଧାର କରାଯାଉଥିଲେ ହେଁ ଇଲିଅଟ୍‌ଙ୍କ ଋଣଭାର ସହଜରେ ଭାରତୀୟ ବୁଦ୍ଧିଜୀବୀ ଭୁଲି ପାରିବ ନାହିଁ। ଏହାର ଅନେକଗୁଡ଼ିଏ କାରଣ ରହିଛି। ପ୍ରଥମେ ସରଳତା ଓ ସାଙ୍ଗୀତିକତାକୁ ନିଆଯାଉ ଭଲ ଭାବରେ ବୁଝି ହୋଇଗଲେ କଷ୍ଟ ଅନୁଚିନ୍ତା ସବୁର ସହଜ ଅଭିବ୍ୟକ୍ତି ଆବଶ୍ୟକ ହୁଏ ଯୁଗକୁ ଦିଗ୍‌ଦର୍ଶନ ଦେବାପାଇଁ। ଭାରତୀୟ ସାହିତ୍ୟର ଆରମ୍ଭଠୁ ଏଯାବତ୍ ଯେତେ ସଂକ୍ଷିପ୍ତ ମନଲାଖି ଉଦ୍ଧୃତି ଶୁଣିବାକୁ ମିଳେ ଅଧିକାଂଶ ସରଳଭାବେ ହୃଦୟ ଛୁଏଁ,. ମାଧୁର୍ଯ୍ୟରେ ମନ ଭରିଦିଏ। ପରମ୍ପରାକୁ ନାନ୍ଦନିକ କହି ଯଶସ୍ୱୀ କରିବା ତ ଅତୁଟ ଆନ୍ତରିକତାର ଆବେଗ ସଞ୍ଚାରିତ କରେ ବିଶ୍ୱରେ। ଦ୍ୱିତୀୟ କାରଣ, ଶବ୍ଦରେ ମିତବ୍ୟୟିତା କୁହାଯାଉ। ଶବ୍ଦାଡ଼ମ୍ବର ପ୍ରଦର୍ଶନ କରିବାରେ ଢେର୍ ଅନାବଶ୍ୟକତାକୁ ଆଙ୍ଗୁଠି ନିର୍ଦ୍ଦେଶ କରାଯାଏ ଆଧୁନିକ କାଳରେ। ଅତି ଚାତୁର୍ଯ୍ୟରେ କହିବା, ଅତି ଆବେଗରେ ଆନ୍ଦୋଳିତ ହୋଇ କହିବା, ଅତି କ୍ଲିଷ୍ଟ ଧାରଣାର ପ୍ରସଙ୍ଗ ସୂଚିତ କରିବା ସମ୍ୟକ୍ ଧୃଷ୍ଟତାର ପରିଚାୟକ। କ'ଣ ସବୁ କୁହା ନ ଯାଏ ଜାଣିବା ହିଁ କାବ୍ୟିକ ଔଚିତ୍ୟ। ତୃତୀୟତଃ, ସଚେତନଭାବେ ପ୍ରଭାବଶାଳୀ ରୂପକଳ୍ପ ବା ପ୍ରତୀକ ଆଦିର ବହୁଳ ଅବତାରଣା, ଅଯଥାର୍ଥ ପ୍ରୟୋଗ ଆଧୁନିକ କବିତାର ସାମ୍ପ୍ରତିକ ପରିପ୍ରେକ୍ଷୀରେ ରୁଚିହୀନ। ସହଜ ଧାରାରୁ ବିଛିନ୍ନ ନ ହୋଇ ଯେଉଁ ଅଭିବ୍ୟକ୍ତି ନିଜ ମାଟି ଓ ପରିବେଶ, ପୁରାତତ୍ତ୍ୱ ଓ ପରମ୍ପରାକୁ, ପରିବର୍ତ୍ତନରୁ ଶକ୍ତି ଆହରଣ କରି, ଋଦ୍ଧିମନ୍ତ କରେ ତାହା କାଳରୁଚିକୁ ତୀକ୍ଷ୍ଣ କରିବା ସ୍ୱାଭାବିକ। ଏହା ଚରୈବେତିର ଛନ୍ଦ।

ପ୍ରତ୍ୟେକ କବିର ନିଜସ୍ୱ ଭାଗ୍ୟ ଅଛି। ସୌଭାଗ୍ୟ ତ ନିଶ୍ଚୟ। ଫୁଲଫଳରେ ଶୋଭିତ ହେଉଥିବା ବୃକ୍ଷଟି ଯେମିତି ନ ଜାଣେ ଋତୁଚକ୍ରର ଆବର୍ତ୍ତନ, ମାଟି ତଳେ ଥିବା ପାଣିସ୍ରୋତର ଦୂରତ୍ୱ? ଦେଶମାତୃକାର ଐତିହ୍ୟ, ପରମ୍ପରାର ଧାରଣା ଓ ବର୍ତ୍ତମାନର କମ୍ପାସ୍ ମୁନ ସବୁ ଆଧୁନିକ କବିକୁ ଦୁଃସାହସୀ କରେ ରଚନାତ୍ମକ ଜୀବନର ସତ୍ୟ ସନ୍ଧାନପାଇଁ। ଏହା ଏପରି ଏକ ସହିଷ୍ଣୁ ପଦ୍ଧତିରେ ସଞ୍ଚାଳିତ, ଏପରି ଅନୁକମ୍ପା ଓ ଅପେକ୍ଷାର ବଶବର୍ତ୍ତୀ ଯେ ଅସ୍ଥିର ଚିତ୍ତ ମଣିଷ ମାତ୍ରେ ଏ ପନ୍ଥା ପରିହାର କରିବାର ନଜିର ରହେ କାଳ କାଳ। ତେଣୁ କବିର ବ୍ୟକ୍ତିଗତ ବା ବ୍ୟବହାରିକ ଜୀବନ ସାଧାରଣତଃ ସାଧକ ବା ପ୍ରାଜ୍ଞିକ ସହିତ ସର୍ବଦା ତୁଳନୀୟ ନୁହେଁ। ଶକ୍ତି, ସଂଜ୍ଞା, ସଂଜ୍ଞାନତା ଆହରଣ କରିବାର ପ୍ରକ୍ରିୟା କିଛିଟା ରହସ୍ୟାବୃତ ଏବଂ ଯୁକ୍ତିନିରପେକ୍ଷ। କ'ଣ, କାହିଁକି, କିଏ, କେମିତିର ଉତ୍ତରସବୁ କବି ହୃଦୟରୁ ମିଳୁଥିଲେ ପରୀକ୍ଷାଗାରରେ କମ୍ପ୍ୟୁଟରଟିର ଅହୋଭାଗ୍ୟ ଘୋଷିତ ହୋଇଥା'ନ୍ତା ସେଦିନ। କବିର ଯାତ୍ରା ସଙ୍ଗୀତ ହିଁ ପୃଥିବୀରେ ଜୀବନର ପାଥେୟ।

ଜନ୍ମର ବୈଜ୍ଞାନିକ ସତ୍ୟ ମଣିଷ ଏବେ ଜାଣୁଛି। ହୁଏତ ମୃତ୍ୟୁ ସମ୍ପର୍କରେ ତା'ର ଉତ୍ସାହ ଅନୁରୂପ। ଯୌବନଚକ୍ରକୁ ଯଯାତିଚକ୍ରରେ ଚିର ଅମ୍ଳାନ ରଖିବା, ଆଧ୍ୟାତ୍ମ ଉପଲବ୍ଧିକୁ ଔଷଧିଚକ୍ର ସାହାଯ୍ୟରେ ନୈସର୍ଗିକ ମାର୍ଗରେ ସଞ୍ଚାଳିତ କରିବା ଅନେକାଂଶରେ ବ୍ୟୟସାପେକ୍ଷ ଓ ଅବସାଦଗ୍ରସ୍ତ ମଣିଷ ପାଇଁ ଖେଳରେ ହାଟ୍ରିକ୍ ଭଳି। ସାଧାରଣ ଭାବେ, ଅଜ୍ଞତା ପରିହାର କରି ଜ୍ଞାନରେ ନିଜକୁ ପ୍ରତିଷ୍ଠା କରିବା ହିଁ ମଣିଷ ଜୀବନର ଲକ୍ଷ୍ୟ। ଅନନ୍ତ ଜ୍ଞାନ, ଅନନ୍ତ ପ୍ରେମ ପରି ଅନନ୍ତ ବିଜ୍ଞାନ ମଣିଷର ଭାଗ୍ୟ ନୁହେଁ। ପରିବର୍ତ୍ତନ ସହିତ ଭବିଷ୍ୟ ଆକାଂକ୍ଷାକୁ କପୋତଲାଞ୍ଜରେ ସୂତ୍ରବଦ୍ଧ କରୁଥିବା ମଣିଷ ନିଜର ସାର୍ଥକତା ପ୍ରତିପାଦିତ କରେ। 'e', 'C' 'X' ସଂଲଗ୍ନ ଶବ୍ଦାବଳୀ ଯୋଗସୂତ୍ର ନାମରେ ସାଇବର ସ୍ପେସ୍ ସହିତ ସ୍ପର୍ଶକ ମାତ୍ର ହୋଇପାରେ, 'ଧୀ' ହିଁ ଆହୁଲା ହୁଏ ଉଷସିଂରବ ମାତରରୁ ଶକ୍ତିପୁଞ୍ଜ ଆହରଣପାଇଁ। ଏଇ ସହସ୍ରାବ୍ଦୀରେ ଉଭୟ ଉଭୟର ପରିପୂରକ ହେବା ସ୍ୱାଭାବିକ।

ଆଉ ଥରେ କହିବାକୁ ହୁଏ : କବି ହିଁ ତୁମର ଭାଗ୍ୟ – ଅତୀତ, ବର୍ତ୍ତମାନ ଓ ଭବିଷ୍ୟତ ପାଇଁ। ଆମ ଅସ୍ତିତ୍ୱର ବିବିଧ ଦିଗ ବିଚାରଶୀଳ ଚେତନାପାଇଁ ସହଜବୋଧ ହୋଇଥାଏ। ସେଦିନୁ ସଭ୍ୟତାର ଅନେକ ଧୂଳିପଟଳ ଏକୀଭୂତ ହୋଇଥାଏ ମାଟିରେ। ଅଭ୍ୟୁଦୟ ହେବ ଅବଶ୍ୟ ବସ୍ତୁନିଷ୍ଠ ସୁଖପାଇଁ ଆକାଂକ୍ଷାରେ, ଜୀବନର ଲକ୍ଷ୍ୟ ସାଧନପାଇଁ ଅଭୀପ୍ସାର। କାରଣ ପରିଦୃଷ୍ଟ ହେଉଥିବା କାଳ ବା ଜଗତ କିଛି ଭାସ୍ୱରତା ଗୋପନ ରଖେ ଏ ଯାବତ୍। ଗୋପନ ରଖେ କାହାରି ଇଙ୍ଗିତରେ।

ଏଥର କ୍ଲାନ୍ତି, ଶାନ୍ତି ନାହିଁ ତ କବିତାରେ କୁହ। ଅନୁତାପ ଜର୍ଜରିତ ନିରାଶା ନାହିଁ ତ କବିତାରେ କୁହ। କାଳର ପରିବର୍ତ୍ତନ କେତେକ କାରଣରୁ କବିତାକୁ ବିସର୍ଜିତ କରେ ନାହିଁ, ପୋଷାକ ବଦଳାଇ ଦିଏ ସଯତ୍ନରେ।

ସେମିତି ଏକ ସକାଳର ଦିଗ୍‌ବଳୟରେ ସେମାନଙ୍କ ଲାଲ୍ ପାପୁଲିରେ ମେଘ, ମେଘରେ ଖରାର ଚକ୍‌ମକ୍ ଆଙ୍ଗୁଠିରୁ ହରଫ ପଡ଼ିହୁଏ। ବିଚିତ୍ର ତା'ର ରୀତି, ଅଦ୍ଭୁତ ତା'ର ପରିପ୍ରକାଶ। ସେମାନେ ଆମ ଘୂର୍ଣ୍ଣନର ଧାରା ଦେଖି ଠିକ୍ ସମୟରେ ଶର ନିକ୍ଷେପ କରନ୍ତି, ସେଇ ଉଡ଼ନ୍ତା ଚଢ଼େଇ ଆଡ଼କୁ ସେମାନେ ଚଢ଼େଇଟି ଦିଗ୍‌ବଳୟ ଡେଇଁ ଯାଉଥିବାର ଲକ୍ଷ୍ୟ କରିବା ବେଳେ ଲହଡ଼ି କଚାଡ଼ି ହୁଏ ପାଦତଳେ...

କୃତଜ୍ଞତା – ଝଙ୍କାର, ସମାବେଶ, ଇସ୍ତାହାର, ନବରବି, କ୍ରାନ୍ତିଧାରା, ସମୟର ଶଙ୍ଖନାଦ, ନବଲିପି, ବିଶ୍ୱମୁକ୍ତି, ପ୍ରତିବେଶୀ, ଶ୍ରୀମନ୍ଦିର, ଅମୃତାୟନ, ବିଜୟା।

ପ୍ରହରାଜ ସତ୍ୟନାରାୟଣ ନନ୍ଦ

ସୂଚିପତ୍ର

ବର୍ଷା ଝରୁଛି କାରଗିଲ୍‌ଠାରୁ ଟିକେ ଦୂରେ	୧୩
ପ୍ରାଚୀନ ମୁଦ୍ରାରେ ଥିବା ଧନୁର୍ଦ୍ଧର	୧୬
କଲିକତାର ଏକ ପାର୍କରେ	୧୯
କାଳ କବଳିତ ହେଲେ ଆତ୍ମାର ବଖରା	୨୨
ହଠାତ୍ ଜ୍ୟୋସ୍ନା ଜଡ଼ି ହେଲା ଭାବସ୍ରୋତେ	୨୩
ମାୟାବିନୀ ରାତ୍ରି	୨୪
ଛିଟା ମାରେ ଛାତିରେ ବିଦ୍ୟୁତ୍	୨୬
କଣ୍ଢେଇ ଗଢୁଥିବା ଝିଅ	୨୭
କେବଳ ବର୍ତ୍ତମାନକୁ	୩୦
ଭଲ ପାଇବାକୁ ଆପଣାର କଲେ	୩୧
କବିତାରୁ ଥାଏ ଉଚ୍ଚାରଣ	୩୨
ପ୍ରବୃତ୍ତି	୩୩
ଅଜଣା ବାଟରେ ଜହ୍ନ	୩୪
ପଂକ୍ତି କବିତାର	୩୬
ଅନ୍ୱିତା	୩୮
ମହାବାତ୍ୟା ପରେ	୩୯
ମେଘହଂସ	୪୧
କାଳ କାଳ କାରୁଣ୍ୟ କାହାର	୪୨
ପଞ୍ଜୁରୀରୁ... ଦେହରୁ... ଶବ୍ଦରୁ...	୪୪
ସବୁ ନୁହେଁ ଯୁକ୍ତିରେ ସମ୍ଭବ	୪୫
ବ୍ୟାଘ୍ର ମୃତ୍ୟୁ	୪୭
ଫେରି ଯାଇଥିବା ସେଇ ଝିଅଟି	୪୯
ଆଉ ଲୋକଟିଏ ସୂତ୍ର ଖୋଜେ ଜୀବ ଜୀବନର	୫୦
ଆଉଥରେ ସୂର୍ଯ୍ୟୋଦୟ ହେଲେ	୫୨
ଟିକେ ବାକି ଥାଏ	୫୪
ଜଗନ୍ନାଥ ହୃଦୟ	୫୬
ବୁଦ୍ଧରୁ କଲ୍‌କୀକୁ କାଳ	୫୯

ଢେଉରୁ ଫେରାଇ ଦିଅ ସାବ୍‌ଜା ପକ୍ଷୀ	୬୧
ତୁମେ ଗୀତ ଗାଅ ବା ନାଚ କର	୬୩
ଜହ୍ନ ବୁଡୁଥିଲେ	୬୬
ସମୁଦ୍ରର ସ୍ୱରଲିପି	୬୮
ଲାଲ୍ ଚାରା	୬୯
ପାଇକ ଆଖଡ଼ା	୭୦
କିଛି ନିଃସରଙ୍ଗ ଥାଏ	୭୧
ତୁମେ ଫେରି ଯାଇଥିବା ବାଟରେ	୭୨
ମୁଖସ୍ତ ସଂଳାପ	୭୩
ଭାରସାମ୍ୟ	୭୪
ନଟେଟ୍	୭୫
ଆଉ ଲୁହଧାର	୭୬
ମୁଁ ଯେଉଁ ନଦୀକୁ ଲୁଚାଇ ରଖିଛି	୭୭
ସେ ଗଛଟି କ'ଣ ଜ୍ଞାନୀ ?	୭୮
ଏ ଅପେକ୍ଷା ହଠାତ୍ ଦେଖାରେ	୭୯
ମୁଣ୍ଡରେ ଗୋଡ଼ ଥୋଇଥିବା ଲୋକ	୮୦
ପ୍ରତିସ୍ରୁତ	୮୧
ହୃଦୟ ଅପେକ୍ଷାରେ ଥିବା ବାଟୋଇ	୮୨
ଧୃତି ରୂପେଣ...	୮୩
ବିପାସନା	୮୪
ସାକ୍ଷୀ	୮୫
ନିଜ ଶୂନ୍ୟତା	୮୬
ହୃଦୟ ମଞ୍ଜିରେ ସୂର୍ଯ୍ୟ	୮୭
ଏକୁଟିଆ ବାଟୋଇ ଡାକିଲେ	୯୧
ଦୁଃଖ ଥିଲେ ଢେଉ ତଳେ	୯୪
ସୂର୍ଯ୍ୟ ସେପାରିରୁ ବାର୍ତ୍ତା	୯୬
ନୀଳିମାର ମରୁଭୂମିରେ	୯୮
ବର୍ଷା... ବର୍ଷର ପ୍ରଥମ ବର୍ଷା	୧୦୧
ଏଇ ଯେ ବୁଢ଼ାବାବୁ !	୧୦୩
ନକ୍ଷତ୍ର କେବଳ	୧୦୪

ବର୍ଷା ଝରୁଛି କାର୍‌ଗୀଲ୍‌ଠାରୁ ଟିକେ ଦୂରେ

ଶୃଙ୍ଗରେ ଆଉ ଶିଳାଧାରେ,
ବର୍ଷା ଝରୁଛି ଭାଇ ରକ୍ତରେ
କାର୍‌ଗୀଲ୍‌ଠାରୁ ଟିକେ ଦୂରେ;
ବନ୍ଧୁତା ପାଇଁ ହାତ ମିଳାଇଛ
ବଙ୍କର ଖୋଳି ପାହାଡ଼ରେ;
ଜାଣି ନ ଥିଲି ମୁଁ ବଞ୍ଚନା ତୁମ
ହତିଆର୍ ମାଜେ ହୃଦୟରେ।

ଶୃଙ୍ଗରେ ଆଉ ଶିଳାଧାରେ,
କଳାରାତ୍ରିରେ ଖାତ ତଳେ ରହ
ଅସ୍ତ୍ର ଜଡ଼ାଇ ଅଣ୍ଟିରେ;
ଚିହ୍ନିବା ଆଗୁଁ ଶତ୍ରୁତା ରଖ
ଅଭିଯାନ ପଥ କନ୍ଦରେ।

କେତେ ଯେ ହିଂସା ଡୋଳା ତଳେ!
ସାମ୍ନା ହୁଅନି ସଂଗ୍ରାମ ପାଇଁ
ଅତଙ୍କେ ଚୋଟ ମାର ଶିରେ;
କେମିତି କହିବି ଶହିଦ୍ ନୁହେଁ ମୁଁ
ଲହୁ ଉଡ଼ିଯାଏ ବରଫରେ!

ଦେଶରୁ ଦେଶର ସୀମା ଅଙ୍କିତ
କାହିଁକି ଯୋଡ଼ିବ ବିଘ୍ନାତ ?
ଭାରତମାତାର ମସ୍ତକ କହି
ଯାହାକୁ କରେ ମୁଁ ପ୍ରଣିପାତ !
ମାଟିର ସ୍ୱର୍ଗ କାଶ୍ମୀର ଜଳେ
ବିଶ୍ୱେ ବଢ଼ାଅ ସଂଘାତ,
କିଏ ସେ କହୁନି ବିଶ୍ୱାସେ ବିଷ...
ବେକରେ କରୁଛ ପଦାଘାତ !

ରାହା କାହିଁ ଯିବ କାହାକୁ ବୁଝାଇ
ମୁଜାହିଦ୍ଦିନ୍ ଆହ୍ୱାନ,
ଜେହାଦ୍ ଅର୍ଥ ମୁକ୍ତି ନିଶାଣ –
ମିଛ କି 'ବିଜୟ' ଅଭିଯାନ ?

ଆଲ୍‌ବଦର୍ ଓ ଲାସ୍କର ଦଳ...
ଜଙ୍ଗୀ ରହିଛି ଜଙ୍ଗଲେ,
କ୍ଷେପଣାସ୍ତ୍ରରେ ଟ୍ୟାଙ୍କ୍ ଉଡ଼ାଅ
ଅଖ୍‌ନୋର ରଣ ପ୍ରାନ୍ତରେ ।

ମାତୃଭୂମିର ଜାଗ୍ରତ ପ୍ରାଣ
ବଳି ପଡ଼େ କେତେ ଯୁଆନ୍ ଜବାନ,
ଏ ପାଖେ ସ୍ୱତ୍ୱ ନାହିଁ ତ ତୁମର
କ୍ରୋଧରେ କରୁଛ ନାରଖାର;
ଜାଣି ନ ଥିଲି ମୁଁ ଦୁର୍ଗ ତୁମର–
ହୃଦୟରେ ମାଜ ହତିଆର !

ଟାଇଗର୍ ହିଲ୍ ଶିଳାଧାରୁ
ଅବା-ଡ୍ରାସ୍ କ୍ଷେତ୍ରର ଶୃଙ୍ଗରୁ...
ବାଟାଲିକ୍ ବାଟେ ବକ୍ରତୀଖରୁ

ଶବ ଟାଣିନିଅ ରକ୍ତରୁ;
କେବେ ଯେ ବିମାନବନ୍ଦରୁ।
ଭାରତମାତାର ଲଢୁଆ ଜବାନ
ଶବାଧାରେ ଝଳେ ମୁକ୍ତି ନିଶାଣ,
ବିଜୟର ଟୀକା ଶୁଭ୍ର ଲଲାଟେ
ଅଙ୍କିତ କରେ ମରଣରେ।

ବର୍ଷା ଝରୁଚି ଭାଇ ରକ୍ତରେ
କାର୍‌ଗୀଲ୍‌ଠାରୁ ଟିକେ ଦୂରେ।
ଶୃଙ୍ଗରେ ଆଉ ନଦୀକୂଳେ,
ରକ୍ତତୃଷ୍ଣା କାହିଁ ମୋ ମାଟିରେ
ପାଦ ଦେଲ କିଆଁ ଅବେଳରେ ?

■

ପ୍ରାଚୀନ ମୁଦ୍ରାରେ ଥିବା ଧନୁର୍ଦ୍ଧର

ପ୍ରାଚୀନ ମୁଦ୍ରାରେ ଥିବା ଧନୁର୍ଦ୍ଧର ବୀରବର
ଥରେ ବି ଶର ନିକ୍ଷେପ କରେନା !
ଅନ୍ଧକାରରେ ଫେଣ୍ଟି ହୋଇଥିବା ପଶୁର ରକ୍ତ
କେତେ ସନ୍ତାପର ସ୍ମୃତି ରଖେ ।
ସହସ୍ରାବ୍ଦୀ ପରେ ହାଣ୍ଡିଶାଳ ଝରକାରୁ
ଢେର ଗନ୍ଧ ବାରିହୁଏ –
ଅକସ୍ମାତ୍ ଘୁଞ୍ଚି ଆସୁଥିବା ମେଘମଣ୍ଡଳର ।

ତୁମେ ଖୋଲା ଝରକାରେ ମୁହଁ ରଖି ଘଣ୍ଟା ଦେଖୁଥିବ,
ଅକ୍ଷରମାନଙ୍କୁ ବାରମ୍ବାର ନିରେଖି ଦେଖିଥିବା
ଦୁଇ ଆଖି ଡୋଳାରେ ଥିବ
ଝରି ଯାଇଥିବା ଅନେକ ଜ୍ୟୋତ୍ସ୍ନାରୁ ଟୋପେ ।
ନଈକୂଳର ସେଇ ଅମାନିଆ ଚଢ଼େଇଟା
କେଉଁଠୁ ପେଟ୍ଟାଏ ଫସଲ ଗୋଟାଇ ଥାଏ କେଜାଣି !
ଜୀବନରୁ ଜୀବନକୁ ଉଜ୍ଜୀବିତ କରୁଥିବା ଯୌବନ
ଏଣିକି କ୍ଷମା ମାଗେ ଚାରୋଟି ଲଙ୍ଗଳା ପିଲାଙ୍କୁ ।
ସବୁ ଅନୁସୃତ ସୂତ୍ର ଟିକେ ବଦଳି ଯାଏ
ପ୍ରଥମ ଈଶାରାରେ କବି ପାଇଁ ।

ତୁମେ ସେମିତି ଦେଖୁଥିବ –
ଧାଡ଼ି ଧାଡ଼ି ଟ୍ରାମ୍, ବସ୍ ଓ ଟେକ୍ସି ସବୁ ।
ସେମିତି ଦେଖୁଥିବ ଶରାଗ୍ରରେ ଅଙ୍କିତ ଲକ୍ଷ୍ୟବିନ୍ଦୁକୁ ।

କିଏ ମୋତେ ଅନ୍ୟମନସ୍କ କରେ ବୃତ୍ତାକାର ଘୂର୍ଣ୍ଣନ ମଝିରେ...
ମନ ନା ମେଧା ନା ଆତ୍ମାର ସଜ୍ଞାନତା ?
କିଏ ମୋତେ ବାଧା ଦିଏ –
ଅନ୍ୱେଷଣରୁ ଦୂରତ୍ୱ, ଦୂରତ୍ୱରୁ ପ୍ରତିପକ୍ଷତାର ନିର୍ଣ୍ଣୟରେ ?
ସେ କାଳ ନୁହେଁ, କଳା ନୁହେଁ –
ତୁମରି ଭୂଲତା ମଝିରେ ଝଲି ଉଠି ଲିଭୁଥିବା ଏକ ନକ୍ଷତ୍ର !

ଢେର୍ ବାହୁଡ଼ା ଯାତ୍ରାର ଦୁଃଖ ଭବିଷ୍ୟତକୁ ଝୁଣି ଆଣେ ।
ତୁମେ ଟେଲିଫୋନ୍‌ରେ ଉତ୍ତର କହ ମୌନତାର ।
ସବୁ ମୌନତା ବାଧା ପାଏ ବଳୟିତ ହେଲେ ଅନ୍ଧାର ।
ନଈଟିଏ ହୃତ୍‌ପିଣ୍ଡରେ ଲେଖି ରଖିଥାଏ ଢେର ସ୍ୱରଲିପି ।
ଆଉ ତ ସମାନ ହୁଏନା ମୁହୂର୍ତ୍ତର ବ୍ୟବଧାନରେ
ନିଜକୁ ନିକ୍ଷେପ କରିବା ପାଇଁ ପ୍ରଜ୍ଞାର ସତର୍କ ଈଶାରା !
କେଣେ ହଜିଯିବ କୁହ ଅନାବୃତ୍ତ ଜନ୍ମର ରହସ୍ୟରୁ,
କେମିତି ଫେରାଇ ଆଣିବ ମହାକାବ୍ୟରୁ ମନ୍ୱନ୍ତର ?

ପ୍ରାଚୀନ ମୁଦ୍ରାରେ ଥିବା ସେଇ ଧନୁର୍ଦ୍ଧର ବୀରବର
ଅନ୍ୟମାନଙ୍କୁ ନିଜ ଚତୁର୍ଦ୍ଦିଗରେ ଘୂରାଏ କାହିଁକି ?
ସ୍ୱର୍ଣ୍ଣଲତା ! ତୁମ ପାଦ ତଳୁ ନିଜର ସାରାଂଶ ବିଚାର କରୁଥିବା
ତୃଣଦଳ... ତୃଣଦଳ... ତୃଣଦଳ
ବିଦାୟ ନିଏ କେତେଥର ଋତୁଚକ୍ରରେ !
ଢେର୍ କୃତଜ୍ଞତାରେ ମଣିଷକୁ ଆଶ୍ରୟ କରିଥିବା ଚିତ୍ତବୃତ୍ତି
ସେମାନଙ୍କ ପାହୁଣ୍ଡ ଚିହ୍ନେ କାଞ୍ଚନିକ ନୀଳିମାରୁ ।

କେବଳ ମେଘମଣ୍ଡଳରେ ପ୍ରତୀକ୍ଷାକୁ ତୁମେ
ବୃତ୍ତାୟିତ କର ।
ପ୍ରାଚୁର୍ଯ୍ୟ ଝଳିବ କେବେ ଜ୍ୟୋତ୍ସ୍ନାରୁ
ସଂସ୍କରଣରେ ଶ୍ରଦ୍ଧାର...
ଅଚାନକ କ୍ଷୟ ହେବ ଅନେକ ଖଣ୍ଡିତ ଗତି !

ଶସ୍ୟରୁ ରକ୍ତର ଚେତନା ଚାହିଁବସେ ସୁଦିନମାନଙ୍କୁ।
ହଁ – କେବଳ ସୁଦିନମାନଙ୍କୁ ତୁମେ ଜଗିରହ ଭେଟିବା ପାଇଁ।
ଘୂର୍ଣ୍ଣନ ମଝିରେ ଆତ୍ମାର, ଶବ୍ଦ ମଝିରେ ଅନୁଚିନ୍ତାର କାବ୍ୟିକ
ସ୍ଫୁରଣ
ଋଣଗ୍ରସ୍ତ କରେ ପ୍ରେମକୁ।
ଆହା ! ପରାସ୍ତ କରେକି କେଉଁ ଧନୁର୍ଦ୍ଧରକୁ !

ଘଣ୍ଟା ଦେଖି ଚଞ୍ଚଳ କରନା ଶୈଶବକୁ !
ଘଣ୍ଟା ଦେଖି ଚଞ୍ଚଳ କରନା ଶୈଶବକୁ ! ସ୍ୱର୍ଣ୍ଣଲତା !
ନୂଆ ସହସ୍ରାବ୍ଦୀରେ ଯୌବନରୁ ଜୀବନ ଉଜ୍ଜୀବିତ ହୁଏ
ଅଜଣା ସଙ୍ଗୀତର ସ୍ୱରଲିପିରେ।

■

କଲିକତାର ଏକ ପାର୍କରେ

ସ୍ମୃତି ଥାଏ ଟାଗୋର୍ ଓ ବୁଦ୍ଧଦେବ ବସୁ ଆଉ ସଚ୍ଚି ରାଉତରା,
କବିତା ପଂକ୍ତିରୁ ଥାଏ ପାର୍କ କୋଣେ ନିର୍ଜନ ଇଶାରା;
କେବେ କୋଳାହଳ ମହାନଗରୀର ଏଇ ପ୍ରାନ୍ତେ,
ବାଟୋଇ କୁଆଡ଼େ ହଜେ ଦେଖୁ ଦେଖୁ ଦୃଷ୍ଟିର ଦିଗନ୍ତେ;
ମିଶିଯାଏ ଅପେକ୍ଷାରେ ଜନ୍ମମୃତ୍ୟୁ, କି ଅବୁଝା ଛନ୍ଦରେ ଜୀବନ,
ମିଶିଯିବା ତାଡ଼ନାରେ ମାଟି କରେ ପ୍ରାଣ ଆମନ୍ତ୍ରଣ...

ମୁକ୍ତି କାଳେ ସୀମାବଦ୍ଧ ଚେତନାରେ
ଆଉ ଏଇ ପୃଥିବୀ ଘୂର୍ଣ୍ଣନେ,
ଆତ୍ମାମାନେ ରୂପାନ୍ତର ଚେଷ୍ଟା ଜାଣି
ଦିଗେ ଦିଗେ ଦିଅନ୍ତି ପହରା;
କେଣେ ଥିଲା ସେ ପ୍ରବାହ,
ଅକ୍ଷରରୁ ହୃଦୟ ଓ ଧାରା-
ଫୁଲଗନ୍ଧେ, ଧୂପଗନ୍ଧେ ମୃଦୁତାରୁ ବାସ୍ତବ ଚେହେରା,
କବି, ଶିଳ୍ପୀ, ଦାର୍ଶନିକ ହୁଏ ନାହିଁ ଜମା ଦିଗହରା।

ତୁମେ କ'ଣ ଆକାଶୁ ଓଟାରି ଆଣ
ରୁଦ୍ଧଶ୍ୱାସ ହେବା ପରି କ୍ଳେଶ;
ଚିମ୍ନିଧୂଆଁ, ଧୂଳିକଣା, ସଂତୃପ୍ତିରୁ ଆଉ ଦୁଃସାହସ;
କେତେ ଯେ ଚିତ୍ରିତ କରେ ଗତିସ୍ରୋତ;
ଘୁଞ୍ଚି ଘୁଞ୍ଚି ଅଭୀପ୍ସା ତୁମର
ହଠାତ୍ କାହାକୁ କରେ ଅତି ଆପଣାର ?

ଭାଷା ନାହିଁ ସ୍ଥିତିଶୀଳତାର,
ଶୂନ୍ୟରେ ଠିକଣା ଅଛି କେବଣ ସତ୍ତାର ?
ଏଠୁ କାହିଁ ଦେଖିହେବ ଦିଗ୍‌ବଳୟ
ଜନ୍ମାନ୍ତର ତଥାଗତଙ୍କର ?
ସେ କେଉଁ ସ୍ରୋତରେ ତୁମେ ଝାସ ଦେଇ
ଥରୁ ଥର ମୃତ୍ୟୁ ସାଥେ ଲଢ଼ ?
ଆଉଥରେ ମୋତେ ତ୍ରସ୍ତ କରିବା ହିଁ
କି ସୁନ୍ଦର ନୈପୁଣ୍ୟ ତୁମର ।

ଧୀରେ ଅସ୍ତ ଯାଏ ରାତି
ମନେଥିବା ଶ୍ଳୋକରୁ ଶୃଙ୍ଗାର
ଆକସ୍ମିକ ଦୁଃଖର କଳ୍ପନା କରେ;
କେଉଁ ଦ୍ୱିଧା ଅନ୍ତରଙ୍ଗ ଭଲ ପାଇବାର
ହୃଦୟ ଖଣ୍ଡିତ କରେ,
ଅନୁଚିନ୍ତା ନୂଆ ନଇ ଖୋଜେ କଳେବର;
କେତେ ଚିହ୍ନାଇବି କହ ସେମାନଙ୍କୁ
କ୍ରମେ ଭୁଲ୍ ବେଶୀ ହୁଏ ଜାଣିବାରୁ ଅନିତ୍ୟ ସଂସାର ।

ଢେର୍ ଦୁର୍ଦ୍ଦିନରେ
ପ୍ରତ୍ୟାଶା ତୁମକୁ ଘାରେ ଅବଚେତନରେ;
ମୂର୍ତ୍ତିମନ୍ତ ହୁଏ ଇଚ୍ଛା ମେଘ ଅନ୍ଧାରରେ
ଆକାଶକୁ ଲକ୍ଷ୍ୟ କଲାବେଳେ,
କେଉଁ ଭାସ୍ୱରତା ଥାଏ
ଆତ୍ମା ପାଇଁ ଭବିଷ୍ୟତ ଆଡ଼େ ?

ମିଛରେ ଅନେକ ଦ୍ୱନ୍ଦ୍ୱ
ଏଣେ ତେଣେ ବ୍ୟସ୍ତ କରେ,
ପାର୍କରେ ଅନ୍ଧାର ଥାଏ
ଝଙ୍କାଳିଆ ଲତା ଆଡୁଆଳେ;

ଅନେକ ବୈଦିକ ଦୁଃଖ
ମୁହଁମାଡ଼ି ପଡ଼ିଥାଏ ସ୍ଥାପତ୍ୟ କତିରେ;
ସେ ଅଭିନିବେଶ କ'ଣ
ସ୍ଥାଣୁ କରେ ହଠାତ୍ ଉଦ୍ଦେଶ୍ୟ ?
ନାର୍ସିସସ୍ ନ ହେବାରୁ
ତୁମେ ଜିହ୍ୱା ପାର ନାହିଁ ଜିଣି,
ତୁମକୁ ଦେଖିଛି କେତେ
ଚିତ୍ରପଟେ ଉଦାର ମୃତ୍ୟୁର,
ଚୁକ୍ତି ଲେଖି ଭୁଲିଗଲ
ସବୁ ମନ ପାଇଲନି କିଣି ।

ତେଣୁ ସ୍ମୃତି ଫେରିଆସେ ଆଉଥରେ
ଯୁଦ୍ଧ ସାଙ୍ଗେ ମୁକ୍ତିର ଅନ୍ୱେଷା
ସୀମାବଦ୍ଧ କରେ ଟିକେ ଶୂନ୍ୟସ୍ଥାନ
ହୃତ୍‌ପିଣ୍ଡ ମଝିରେ;
ସେଠାରୁ ପଂକ୍ତିରୁ ପ୍ରାଣ ବୁଝିପାରି ତୁମେ ଅଭିଜ୍ଞାନ
କେଉଁଠି ନିମଗ୍ନ ରହେ,
କୋଳାହଳ ବଢୁଥିବା ବେଳେ ?
ଏ ମହାନଗରୀ ସବୁ ସମ୍ପର୍କ ସତ୍ତାର
ପ୍ରବାହରୁ ଭିନ୍ନ କରି ଖୋଜୁଥାଏ
ମେଘ ଫାଙ୍କେ ଦୃଷ୍ଟି ଥାଏ ଦୂର ନକ୍ଷତ୍ରର,
ତୁମେ କି ସୂତ୍ରରୁ ବୁଝି ଜୀବନ ଓ
ବାରମ୍ବାର ମୃତ୍ୟୁରୁ ଧିକ୍‌କାର ?
କେମିତି କହିବି ମୁକ୍ତି କବିହୃଦେ ବନ୍ଦୀ ଥାଏ
ଖୋଜୁଥାଏ ତୁମ ରୂପାନ୍ତର ।

କାଳ କବଳିତ ହେଲେ ଆତ୍ମାର ବଖରା

କେଣେ ବାଉଁଶ ଗଜା ଆକାଶକୁ ଖର୍ବ କରେ ତ
କେଣେ ପବ ମାରେ ଆଷାଢ଼ ଶେଷରେ ଧାନଚାରା,
ପରିତ୍ୟକ୍ତ ସିମେଣ୍ଟ ଛାତଦାଢ଼ରେ
ଓଷ୍ଠପତ୍ର ଲାଞ୍ଜରେ ଝିଲ୍‌ମିଲ୍ ଖରା,
ଆହା ! କାଳ କବଳିତ ହେଲେ
କି ସୁନ୍ଦର ଘୁମିଯାଏ ନିଃଶ୍ୱସିତ ଧାରା ।

ଖୋଲା ଝର୍କା ତଳୁ ଦିଶେ ଉଞ୍ଚା ଉଞ୍ଚା ସବୁଜ ପାହାଡ଼,
ନିଗିଡ଼ି ଯିବାରୁ ବର୍ଷା ଆକାଶରେ ନୀଳ ପଲସ୍ତରା;
ଶିଳା ତଳେ ପାଣି ବିନ୍ଦୁ ରେଖା ଯୋଡ଼ି ଓହ୍ଲାଏ ଝରଣା,
କାଳ ସୀମାଙ୍କିତ କରେ ଅଦୂରରେ ଦୃଷ୍ଟିରୁ ଇଶାରା ।

ସବୁ ଉତ୍ସାହରୁ କାଳେ କ୍ଷଣରେଖା ଟାଣିହୁଏ ଛାତି ଫଳକରେ !
ସମାନ୍ତର ରେଖା ଜାଣେ କଳ୍ପନାରୁ ଆଶ୍ଳେଷର ଧାରା;
ଖରାବର୍ଷା ଥରେ ଯଦି ଛନ୍ଦିହୁଏ ହୃଦୟରେ ଲାଲ ପତ୍ରଧାରେ;
କାଳ କବଳିତ ହେଲେ ଅନ୍ଧାରରେ ଚିହ୍ନିହୁଏ ଆତ୍ମାର ବଖରା ।

■

ହଠାତ୍ ଜ୍ୟୋସ୍ନା ଜଡ଼ି ହେଲା ଭାବସ୍ରୋତେ

କାଳଠାରୁ ହେଲେ ଖଣ୍ଡିତ କେଉଁ ସଂହତି ଖୋଜେ ମନ ?
ମନ ତଳେ ଥାଏ ଅନେକ ସୂର୍ଯ୍ୟ, ଅନେକ ରାତିର ଜହ୍ନ।
ଅବଚେତନରେ ଅନ୍ଧାର ଥାଏ ଘୂରି ଘୂରି ଲୁଚିଥାଏ,
କେଉଁଠାରୁ କହ ପ୍ରତିଫଳନରୁ ଖୁଅ ଟିକେ ମିଳିଯାଏ ?
ପ୍ରାଣ ଜାଣେ କେତେ ପ୍ରତ୍ୟାଶା ଯାହା ମୃତ୍ୟୁକୁ ଡରେ ନାହିଁ,
କେଉଁ ପ୍ରାର୍ଥନା ଶ୍ରଦ୍ଧାରେ ଖୋଜେ ଜାଣିବାରୁ ଥାଅ ନାହିଁ ?
ଶ୍ୱାସ ତଳେ କେଉଁ ଗୋପନ ପ୍ରବାହ ସ୍ଥିର ରଖେ ସେଇ ଶିଖା,
ଯେଉଁ ଜୀବନର ସଞ୍ଚାର ତୁମେ କେଉଁଠୁ ପାଅତା' ଦେଖା ?
ସେ ତ ଅନେକ ସ୍ୱପ୍ନ ଝଲକ ଲେଖଇ ପାହାଡ଼ ଶୃଙ୍ଗ ଆଡ଼େ,
କେଉଁ ଚେତନାରୁ ପ୍ରେମ ଚିହ୍ନିଲ ତୁମେ ସତ୍ତାର ଆଲୁଆଳେ ?
ତୁମେ ଖଣ୍ଡିତ ହେଲ କାଳଠାରୁ କେବେ ଡାକିବାରୁ ମିଶ ବାଟେ,
ଖୁଅଟିଏ ଥିଲା ହଠାତ୍ ଜ୍ୟୋସ୍ନା ଜଡ଼ିହେଲା ଭାବସ୍ରୋତେ।

■

ମାୟାବିନୀ ରାତ୍ରି

ସୁଖ ପାଇଥିଲ ଦୁଃଖ ପାଇଥିଲ ନ ଜାଣି ମନ ଓ ଜ୍ଞାନ,
କିଛି ଥାଏ ନାହିଁ ରୁଗ୍ଣତା କଲେ ହୃଦୟ କମ୍ପମାନ;
ଖାଲି ଅଭିନୟ ପୁରୁଷ ପାଇଁକି ତୃଷ୍ଣାରେ ଅନ୍ଧାର,
ଚୌହଦୀ ମାପେ ଦୁର୍ଘଟଣାର କେବଣ କ୍ଳେଶର ଭାର ?

ଜମା ନ ଥିଲା ଶୈଶବେ ଗୀତ, ଦ୍ୟୋତନା କର୍ମ ପାଇଁ;
ଅନୁକରଣରୁ କେଉଁଠୁ ଜାଣିବ ଶୁଖି ଯାଉଥିବା ନଈ ?
ବାଲି ତଳେ ଥାଏ ସ୍ୱଚ୍ଛ ଧାରଟେ ଝାଳବୁହା ଶ୍ରମ ଜିଣେ,
କିଏ ଜଣେ ଥିଲେ କତିରେ ତୁମର ଏକାଗ୍ର ଥାଅ ତେଣେ ।

ସେମିତି ବିରାଗ ସହଜ ପାଇଁକି ଦେହକୁ ମଣେ କି ଅସ୍ତ୍ର !
ଚଟା ବସାଇଲେ ମାଟିରେ କାହିଁକି ଦାଗ ହୁଏ ତୁମ ବସ୍ତ୍ର ?
ଆଉ କେତେବେଳେ ସମାନ୍ତରାଳ ଦୃଷ୍ଟି ପାରିବ ବୁଝି-
ଦୂରୁ ତୁମଆଡ଼େ ଆସୁଥିଲେ ଯିଏ ଧୀରେ ଧୀରେ ଗଲି ହଜି ।

ସେଦିନୁ ଝାପ୍‌ସା ଦିଶେ ଛାତିତଳ ଆଖିପତା ହୁଏ ନୀଳ,
ତୁମେ ନର୍ତ୍ତକୀ ରାତ୍ରି ଉହାଡ଼େ କିଏ ବା ପଟାନ୍ତର ?
ପାନ ପାତ୍ରରେ ବୁଦ୍‌ବୁଦ ମିଶେ ବୃତ୍ତ ଥାଏନା କେଣେ-
ଭଲ ପାଇବାରୁ ନିଜକୁ କେବଳ ଥାଅ କି ଆକର୍ଷଣେ ?

ପ୍ରତ୍ୟୁତ୍ତର ପ୍ରେମିକକୁ କାହିଁ ବଞ୍ଚନା ଆଣେ ଦ୍ୱିଧା,
ତୁମେ ଭାବ ନିଜେ ତୃଷ୍ଣା ହେବ ଯେ ମାଫ୍ କରେ ନାହିଁ କ୍ଷୁଧା;

ସ୍ୱୈର କି କେବେ ଶ୍ରମରୁ, ସ୍ମୃତିରୁ, ସମ୍ବେଦନାରୁ ଆସେ ?
ଢେର୍ ଥର ଜାଣେ ଅବରୋଧ କର କାହା ଗତି ଦୂରଭାଷେ ।

କ'ଣ କହୁଥିଲ ଝଡ଼ ରାତିଟାରେ କାହିଁ ସେ ସୌଦାଗର
ବନ୍ଦର କୂଳ ପାନ୍ଥଶାଳାରେ ଫିଙ୍ଗେ ତା' ଉପହାର;
କହୁଥିଲ ସୁଖ ଦେଲେ କାଳେ କିଛି ଉହ୍ୟ ରଖିବ ଦୁଃଖ,
ଦେହେ ସଞ୍ଚିଲେ ମାଟିରୁ ତୃଷ୍ଣା ସମ୍ପଦ ତା'ର ଭୋକ ।

ସୁଖ ପାଇଥିଲ, ଦୁଃଖ ପାଇଥିଲ କ୍ଷୟ ହେଲେ ଯୌବନ
କିପରି ବୁଝିବ ସୂର୍ଯ୍ୟତୃଷ୍ଣା ଜଗେ କୈଶୋର ପ୍ରାଣ !
ଶୁଭେ ଯେଉଁ ଭାଷା ମୃତ୍ୟୁର କିଛି ଆତଙ୍କ ଲୁଚିଥାଏ,
ତୁମେ କି ଜାଣିବ କେଉଁ ପ୍ରତ୍ୟାଶା ସେଇ ନାରୀ ଜାଣିଥାଏ ?
ଢେର୍ ଅଭିନୟ ସୁଖଦୁଃଖର ବାକି ରଖେ ଟିକେ ଗର୍ବ,
ତୁମ ଆଖି ଥିଲା ଅଶ୍ରୁସଜଳ, ଓଠେ ଥିଲା ହସ ପର୍ବ;
ତୁମେ ଥିଲ ଅବା ଥିଲ ନାହିଁ କେଣେ ଥିଲା ମାୟାବିନୀ ରାତ୍ରି
ଅନ୍ଧାରେ କିଏ କରାଘାତ କଲେ ଶଙ୍କିତ ହୁଏ ଯାତ୍ରୀ !

■

ଛିଟା ମାରେ ଛାତିରେ ବିଦ୍ୟୁତ୍

ହଁ-ହଁ, ଘୂରି ଘୂରି ଫେରିଆସେ ବର୍ଷା ଓ ବସନ୍ତ !
ତୁମେ ହୁଅ ମୋ ପାଇଁକି ସାରା ରାତି କେତେ ହସ୍ତସନ୍ତ;
ସେ ଡାଳରେ ଡାକୁଥିଲା କୋଇଲି ତ କାହିଁ ଥିଲା ହଳଦୀବସନ୍ତ-
ହଁ-ହଁ, ବିଲମାଳ, ଆମ୍ବତୋଟା ଉଭିଦରୁ ସେ ସ୍ୱପ୍ନ ଜୀବନ୍ତ !

କାହିଁକି ବୁଝିବ ନାଇଁ ଏ ଜୀବନ ହେତୁ ଜାଣି ହୁଏ ଆବର୍ତ୍ତିତ,
ତୁମେ ଦେଖିଦେଲେ କ'ଣ ଆକାଶରେ ମିଛ ହୁଏ ସତ !
ଶୂନ୍ୟତା ଚିହ୍ନିତ ହେଲେ ସମୁଦ୍ରରୁ ଭାସିଆସେ ମେଘର ବୋଇତ,
ତୁମେ ସାଇତିଛ ଶସ୍ୟ ପ୍ରାଣଚକ୍ରେ ରହେ ସେ ନିଦ୍ରିତ ।
ଝରିଲେ ଶିମିଳି ଫୁଲ ଚଞ୍ଚୁ ଆଉ ନଖ କ'ଣ ଅଦ୍ଭୁତ ଶାଣିତ,
ସେ ଋତୁ ଶ୍ୱାସରେ ଥରେ ବାଧାପାଏ ଯୌବନ ଅସ୍ତିତ୍ୱ;
ସହକାର ତଳେ ଥାଏ ପ୍ରେମିକ ଓ ମିଛଟାରେ ତୁମେ କି ଆସକ୍ତ
ଥରେ କାଳେ ସାରା ରାତି ବର୍ଷା ନାଚେ, ଛିଟା ମାରେ ଛାତିରେ ବିଦ୍ୟୁତ୍ ।

■

କଣ୍ଢେଇ ଗଢୁଥିବା ଝିଅ

ସେ କଣ୍ଢେଇ ଗଢୁଥିଲା ଝିଅଟିଏ ସାରା ଦିନ ବସି
ନୂଆଣିଆ ବରଓସ୍ତ ପାଖେ ଏକ ସିମେଣ୍ଟ ବେଦୀରେ;
ତଳକୁ ଗାଲିଚା ନୀଳ ଘାସର ଲମ୍ବିଛି,
ନଈକୂଳ ଅଳ୍ପ ଦୂର – ଶଣପଟ, କଡ଼ିକାଠି ଘେରେ।
ଝାପ୍‌ସା ଡାଳେ ଲୁଚିଥିଲେ ଉଡ଼ିଆସି କାହୁଁ ହଂସହଂସୀ।

ସେ କଣ୍ଢେଇ କଳ୍ପନାରେ ତୀକ୍ଷ୍ଣ କରେ ଚର୍ମ, ଲୋମ,
କେଶ ଆଉ ସାନବଡ଼ କେତେ ନଖରେଖା;
ସେ ଖୋଜେ ପାଣିରୁ ତୃଷ୍ଣା, ନିଆଁ ଝୁଲ ଅବ୍ୟକ୍ତ କ୍ଷୁଧାରୁ,
ପବନ ଗନ୍ଧରୁ ଶ୍ୱାସ, ରଙ୍ଗ ଟିକେ ଆକାଶ ଛତାରୁ;
ଲାଖିଯିବା ପାଇଁ ଭାବେ ଏକାବେଳେ ଛାତିକୁ ଛାତିରୁ !

ସେ କଣ୍ଢେଇ ଗଢୁଥିଲା ଝିଅଟିଏ ରଙ୍ଗ ସରା ଥୋଇ ହାତପାଖେ
ପତ୍ରଲାଞ୍ଜେ ସୁନା ଖରା, ରୂପା ଖରା, ମିଛ ମିଛ ଖରା;
ଘାସ ପାଖୁଡ଼ାଟେ ଡେଇଁ ବୁଲୁଥିଲା କ୍ଳାନ୍ତ ମହୁମାଛି,
ନିର୍ଜନତା କାଳେ ଦିଏ ଲିରିକ୍‌ରୁ ପଦୁଟେ ଇସାରା !

ଭେଲ୍‌ଭେଟ୍ କନା ଲାଗେ କାନ୍ଧକୁ ଓ କୁଞ୍ଚ ଆଡ଼େ ଜରି,
ଆଖିରେ କଜ୍ଜଳଗାର, ଲାଲ୍ ଦୁଇ ପାଦରେ ଅଳତା;
ସୁଖଦୁଃଖ ଦିହେଁ କାଳେ ରହିଥା'ନ୍ତି ଛନ୍ଦି ତା' କଙ୍କାଳ,
ଛାତିରେ ଚିତ୍ରଟେ ଥାଏ; ଜଗିଥାଏ ସଂସାରର ସବୁ ସତକଥା।

ଟିକେ ଦୂରୁ ପିଲାମାନେ ଉଙ୍କି ମାରି ଗାଆଁ ଆଡୁ ଆସି
କଣ୍ଢେଇ ବେକରେ ଦେଲେ ଫୁଲମାଳ, ପାଦରେ ନୂପୁର;
ହାତରେ ବାହୁଟି ବାନ୍ଧି କବରୀରେ ସଜାଡ଼ିଲେ ଭାରୀ ଲତାପତ୍ର,
ଝିଅ କହେ, "ଏଇତକ ଆଜିପାଇଁ ତୋ'ର ଉପହାର।"

ସେ ଗୀତ ପଦରେ ଥାଏ କେଜାଣି ବା ହଠାତ୍ ସଞ୍ଚାର
ମେଘ ଡାଙ୍କେ ନଈବନ୍ଧୁ ହୁଡ଼ି ଆଡ଼େ କୁଞ୍ଜ କୁଞ୍ଜ ହୋଇ;
ଅନେକ ଆଶ୍ଚର୍ଯ୍ୟ ଦୂର ନୀଳିମାରୁ କେଉଁ ଇଚ୍ଛା ଆସିଲେ ଓହ୍ଲାଇ
ଠିଆ ହେଲେ କଣ୍ଢେଇଟି ଆପେ କହେ, ତୁମେ କିଆଁ ଘୁଞ୍ଚଯାଅ ନାହିଁ!

ବେଦୀ ତଳେ ପାହାଚ ଓ ପାଖେ ପାଖେ ତୃଣ, ନୀଳ ଫୁଲ...
ଏଠାରୁ ପବନ ଯାଇ ବାର୍ତ୍ତା ଆଣେ ଆଗାମୀ ଦିନର;
ପ୍ରତିବିମ୍ବ ଲେଖୁଥାଏ ଆଖିତଳେ ମୁହୂର୍ତ୍ତ ବିଶ୍ୱର;
କାହିଁକି ପୃଥକ ଚେଷ୍ଟା ଅବଚେତନରେ ରଖେ ଆଉ ତୃଷ୍ଣା ଭାର?

ଗଢ଼ିବା ହାତର କାହିଁ ପରିଚୟ? ନେପଥ୍ୟରେ ଥାଏ ଏକ ସ୍ୱର।
ମେଘ ତଳେ ଚଞ୍ଚଳ ବିଦ୍ୟୁତ୍ ଘୁଞ୍ଚେ ଅନାବନା ରେଖା ଛନ୍ଦ ଦେଇ;
ହଳଦିଆ ଫୁଲ ପରି ଦିଶୁଥିବା ଝଲକରେ ମୃତ୍ୟୁ ହଜେ ନାହିଁ।
ଦିନରେ ଯାହାକୁ ଚିହ୍ନ ରାତି ହେଲେ ଅବିକଳ ରହେ ମୁହଁ ଚାହିଁ।

ନିଦରେ ଦେଖ କି ବରଓସ୍ତ ଡାଳେ ଚଢ଼େଇ ପଞ୍ଝାଏ?
ନିଦରେ ଦେଖ କି ଶିଳା ଜୀର୍ଣ୍ଣ କରେ ଓହଳଟେ ଝୁଲି?
ନିଦରେ ଦେଖ କି ନଷ୍ଟ ବର୍ତ୍ତମାନ ବଞ୍ଚେ ପଞ୍ଜରାରେ?
ଗୋଲ ଗୋଲ କାହା ଦୁଇ ଆଖି ଝଲେ? ପାର ନାହିଁ ଭୁଲି।

ନଦୀକୂଳ ଆଡୁ କେତେ ସାନବଡ଼ ପଶୁର ପାହୁଣ୍ଡ
ସତର୍କରେ ଶୁଣାଯାଏ ସଂକେତରେ ଉଲ୍‌କା କେବେ ଝରେ;
ଗାଆଁ ବାରିବଗିଚାରୁ ଫୁଲଶ୍ୱାସ ଭଉଁରୀ ପଠାଏ-
କଅଁଳ ଡେଙ୍ଗରେ ସାବ୍‌ଜା ସାପଛୁଆ ଧୀରେ ଲାଞ୍ଜ ଘେରେ।

କାହିଁକି ତମାମ୍ ଚେଷ୍ଟା ତୁମେ ଆଣ ମାଟିରୁ, ଗର୍ଭରୁ ?
ଅମୀମାଂସା ଜାଣିଥାଏ ଦୁଃଖ ସାଙ୍ଗେ ସମ୍ପର୍କ ସୁଖର ।
କାହିଁକି ସେ ଜନ୍ମ ନିଏ ଦ୍ୱେଷ ବୁଝି ଗୈରିକ ଆତ୍ମାର ?
ଏଠି ସେ ସମ୍ପଦ କାହିଁ ଇଚ୍ଛା ମତେ ହେବ ରୂପାନ୍ତର ?

ତମାମ୍ ସେ ଶ୍ରଦ୍ଧା ରହେ, ଢେର୍ ସ୍ୱପ୍ନ ଗତାୟୁ ରାତିର
ନୂଆ ପୃଥିବୀଟେ ପାଇଁ, ଚୌହଦୀରୁ ନକ୍ସା ସମୃଦ୍ଧିର
ଦେହକୁ ସାବ୍ୟସ୍ତ କରେ, ମନକୁ ଓ ବୁଦ୍ଧିର ନୌକାକୁ,
ସେ କିଆଁ ଗୁଞ୍ଜିବ ମୁହଁ ମିଛଟାରେ ରୂପ ବାରିବାକୁ ?

କାହାପାଇଁ ବାକି ଥାଏ ଗୀତ ପଦେ ? ଗୋପନରେ ସଞ୍ଚାରିତ ହୁଏ ।
କାହାପାଇଁ ବର୍ଷା ଆସେ, ଖରା ଆସେ, ଝରକା ଖୋଲି ନାଚନ୍ତି ପିଲାଏ ।
ଗାଆଁ ବଖରାରେ ଥିବା ବିଜ୍ଞଜନେ ବ୍ୟସ୍ତଥିବା ବେଳେ,
କି ଚାଲାଖ ସେ କଣ୍ଢେଇ ତୁମେ ଦେଖୁ ଦେଖୁ ଶୂନ୍ୟେ ଦୋଳେ !

ମଣିଷ କଳ୍ପନା କାଳେ ଚିତ୍ରାୟିତ ହୁଏ ତୁମ ଛାତି ତଳେ ସଂଜ୍ଞାନରେ, ଝିଅ !
ଛୋଟ ହୁଅ ଶଗଡ଼ିରେ, ବଡ଼ ହୁଅ ବେଦୀଆଡ଼େ ପାହାଚ ଚଢ଼ିଲେ ।
ଋଣ ନିଅ ଏ ମାଟିରୁ ମୁକ୍ତି ନାମେ କେତେନା ଜଞ୍ଜାଳ !
ଅବଚେତନରେ କବି ଶୁଣୁଥାଏ ତୁମ ଗୀତ, ଦୂର ନଦୀ ସ୍ୱର ।

■

କେବଳ ବର୍ତ୍ତମାନକୁ

ସେ ରାସ୍ତାରେ ଆଗକୁ ଯାଅ କି ପଛକୁ ଯାଅ
ମଝିରେ ପଡ଼େ ଅନେକ ପଥର ପାହାଚ,
ଚଢ଼ା ଉତରାରେ ଚହଲି ଯାଏ ଛାତିଏ ଶ୍ୱାସ;
ସବୁ ଠୁଳ ହୋଇଥିବା ଯନ୍ତ୍ରଣା ହାର୍ ମାନନ୍ତି ନାହିଁ ବିପଦ ଆପଦରେ;
ସବୁ ଠୁଳ ହୋଇଥିବା ଆନନ୍ଦ ହାତ ମିଳାନ୍ତି ନାହିଁ ଗତାନୁଗତିକତା ସଙ୍ଗେ,
କିଏ ଜଣେ ଫୁଲ ଗୁଞ୍ଜି ଦେଇଥାଏ ବୋତାମ୍ କତିରେ,
ରଙ୍ଗରୁ ବା ବାସ୍ନାରୁ ଟିକେ ବିଚ୍ଛୁରିତ ହୁଏ ମନରେ;

ଅବଚେତନରେ
ସେଇ ନୀଳ, ସବୁଜ, ହଳଦୀ ନା ଗେରୁଆ ଲୁଗାର ଝଲକ
ଚମକାଇ ଦିଏ ତୁମର ଆତ୍ମସତ୍ତାକୁ।
ମଲ୍ଲୀ, ମାଳତୀ, କଦମ୍ବ ନା ଶିଙ୍ଗାରହାର
ଆମନ୍ତ୍ରଣ କରେ ଦମକାଏ ପବନ ତଳୁ ସେଇ ପ୍ରବୃତ୍ତିକୁ।

ମୁଁ ପାହାଚ ଗଣି ପାରେଁନା
ତଳୁ ଉପରକୁ କି ଉପରୁ ତଳକୁ;
ଏମିତି ଶୀର୍ଷ ଥାଏନା ଗତିରେ ଅସ୍ତିତ୍ୱ ଜାହିର୍ ପାଇଁ;
ସହଳ ସହଳ ଆଗକୁ ପଛକୁ ଭୁଲିପାରୁ ନ ଥିବା ସମୟ
ଅକ୍ତିଆର କରେ ବର୍ତ୍ତମାନକୁ ଗୋଇଠି ଓ ଆଙ୍ଗୁଠି ଟିପରେ।

■

ଭଲ ପାଇବାକୁ ଆପଣାର କଲେ...

ପାହାଡ଼ ପାଖରେ ଥିବା ଗେଣ୍ଡାଳିଆ ପଲ
କେଣେ ଯା'ଆସ କରନ୍ତି କେତେବେଳେ କେଜାଣି,
ସୂର୍ଯ୍ୟାସ୍ତ ସାମ୍ନାରେ ଘୂରିବୁଲନ୍ତି ଦିନଟିକୁ ବିଦାୟ ଦେବାକୁ।

ପାଣି ଥାଏ ମେଘରେ, ତୃଷା ଝରଣାରେ, ଭୋକ ଫଳ ଡାଳରେ,
ଦୁଃଖ ଥାଏ ଶସ୍ୟ ଖୋପରେ ଓ ମନ ଶୋଇପଡ଼େ ନିଘଞ୍ଚ ଲଟାରେ;

ମୁହୁର୍ମୁହୁ ବଦଳି ଯାଉଥିବା ଚିତ୍ରପଟ
କାହାର ସୂକ୍ଷ୍ମତା ନିର୍ଣ୍ଣୟ କରେ
କବି ଚକ୍ଷୁରେ ?
ଜହ୍ନ ଉଠିବ ତ
ଅନେକ ଦେଣନେଣ
ମନେରଖିଥିବା କୃଷକ ଜଣକ
ନିଦ ଭାଙ୍ଗିଲେ ପାଦ ବଢ଼ାଇବ ଖେତକୁ।

ସକାଳକୁ ବିରକ୍ତ ନ କରିବାପାଇଁ ସେମାନେ
ଡେଣା ମେଲିବେ; ପଲ ପଲ ଆକାଶକୁ ଉଠିବେ।
ପାହାଡ଼ ନିଶାଣ ରଖେନା କ୍ରମଶଃ ଖର୍ବ ହେବାର ପ୍ରବୃତ୍ତି ପାଇଁ...
ସୂର୍ଯ୍ୟୋଦୟ ସଂକେତ ରଖେନା ଜୀଇଁ ରହିବା ପାଇଁ ତିଳେ ବିରକ୍ତିର...
ମେଘ ଟିକିଏ ନୀଳ ନୀଳ ଅନ୍ଧାର ବାକି ରଖେ ଆଢୁଆଳରେ,
ତୁମେ କାଲେ ବିଦାୟ ଦିଅ ବାଟୋଇଠୁ ଭଲ ପାଇବା ଟିକକ ନିଜର କଲେ।

■

କବିତାରୁ ଥାଏ ଉଚ୍ଚାରଣ

ଅନେକ ସଜଳ ମେଘ...
ଆଖି ତଳେ ବାକିଥାଏ କ୍ଷୀଣ ଅନୁରାଗ,
ଅଦ୍ଭୁତ ଐଶ୍ୱର୍ଯ୍ୟ ଥାଏ ରକ୍ତିମାରେ ନାରୀ ଜଣେ ପାଇଁ;
ତୁମେ ଆସିଥିଲ କେବେ ?
ଦିଗ ଦିଗ ଅନ୍ଧାର ମଝିରେ କି ଆଶ୍ଚର୍ଯ୍ୟ ନିବୃତ୍ତିରେ
ଘୂରିବାରୁ ସ୍ମୃତି ଚିହ୍ନାପଡ଼େ !ନିରୀହ ଶିଶିର, ଦ୍ରୁତ ଆଖିରେ ବା ବଳକା ଶ୍ରଦ୍ଧାର;
ଅନେକ ସଜଳ ମେଘ ଶୋଷି ନେଇ ଭାସିଯାଏ କାହା ଲୁହଧାର ?

ଅନୁରାଗ ଥାଏ କାଳେ ସଂସ୍କରତି ହେବ ପ୍ରେମ ସମୟ କ୍ରମରେ
ସାବ୍‌ଜା ହେବ ମାଟିମୁଠେ... ଲାଲ୍ ମଞ୍ଜି, ହଳଦିଆ ମଞ୍ଜି...
ପୁଣି ଚେର ଶୋଷିବା ମାତ୍ରକେ ଧାରା ଶ୍ୱାସପାଇଁ ପଠାଇବା ଚାରା,
ଅବଶ୍ୟ ସେ ଟିଆଁ ଜଣେ ହିଡ଼ବାଟେ ଚୋବାଇବ ଘାସର ପାଖୁଡ଼ା ।

ଅସ୍ତରାଗ ଅନ୍ଧାର ସାମ୍ନାକୁ ଭିଡ଼େ ଚେତନାରୁ ଶିଡ଼ି
ସବୁ ଅବଜ୍ଞାକୁ ଆପଣାର କରି କାଳେ ତୁମେ ହୁଅ ନାରୀ !
ସେ ଆକାଶ କେତେନା ବିଷଣ୍ଣ... ଶ୍ରମ ଭାରେ ଭୁଲିଗଲେ ମନ...
କି ଆସ୍ପୃହା ଉଙ୍କିମାରେ ମେଘ ତଳେ, ଆଉ ତୃଷ୍ଣା କରେ ଜୀବଦାନ !
ଅନେକ ସଜଳ ସେଇ ଆକାଶରେ କବିତାରୁ ଥାଏ ଉଚ୍ଚାରଣ ।

ପ୍ରବୃତ୍ତି

ହୃଦୟରେ ପୁଞ୍ଜାଏ ଆଲୋକ ଚିକ୍‌ମିକ୍ କରେ ହଠାତ୍
ସ୍ୱର୍ଣ୍ଣକ ସବୁ ଛୁଇଁ ଦିଅନ୍ତି ପୃଥିବୀକୁ;
ତୁମକୁ ଓ ତୁମେ ଲୁଚାଇଥିବା ଭଲ ପାଇବାକୁ।

ପୁରୁଣା କଥା ହିଁ ପ୍ରବର୍ତ୍ତିତ ହୁଏ ଏ ମାଟିରେ,
ପୁରୁଣାର କିଛି ରୂପାନ୍ତର ଆଣେ ପରିବର୍ତ୍ତନ,
ଆଉ ଚେତନାରୁ ଫୁଟିଉଠେ ଉତ୍ସାହ।

ପୁଞ୍ଜାଏ ଭର୍ତ୍ସନା ନିମଗ୍ନ ହେଲେ ଡୋଳାରେ
କବି ଜଣେ ଫେରାଇ ଦିଏ ସେମାନଙ୍କ ଅଜ୍ଞତା,
ଭଲ ପାଇବା ଖୋଜିପାଏ ହୃଦୟରୁ ତୁମ ହୃଦୟ।

■

ଅଜଣା ବାଟରେ ଜହ୍ନ

|| ୧ ||

ଅଜଣା ବାଟରେ ହଠାତ୍ ଆସିଲେ ରାତି,
ଶଗଡ଼ ଗୁଳାରୁ ମନେପଡ଼େ ତୁମ ସ୍ମୃତି,
ଧାନକଟା ପରେ ତନଖିବ ନିଏ କ୍ଷତି ?
ଜହ୍ନରୁ ଜାଣ ବାକି ଅଛି ଯେଉଁ ଗତି ।

ବୋଝ ହୁଏ ନାହିଁ ପିଠିରେ ବର୍ତ୍ତମାନ,
ଅତୀତ କାହିଁକି ହେବ ଯେ ଆୟୁଷ୍ମାନ !
ଭବିଷ୍ୟତରେ ଚାପରେ ତ୍ରସ୍ତ ଭ୍ରୂଣ
ଗଛଡ଼ାଳୁ ଜାଣେ ନୀଡ଼ରେ ଆଲିଙ୍ଗନ ।

କ'ଣ ଘଟେ କହ ଜୀବନରେ କେଉଁଦିନ
ମାନସାଙ୍କର ଉତ୍ତର କି କଠିନ !
ନଡ଼ା ଗଣ୍ଡିରେ ଚାରାରେକେ ଦେଖେ ସ୍ୱପ୍ନ
ବର୍ଷା ପାଇଁକି ଧ୍ୟାନମୟ ହୁଏ ପ୍ରଶ୍ନ ।

ଅଜଣା ବାଟରେ ହଠାତ୍ ଆସିଲେ ରାତି,
ଜୋସ୍ନା ସୁଅରେ ଠେଲି ହୁଏ କାହା ଗତି ?

|| ୨ ||

ଡୋଲାବୀର ଖୋଲା ହେବା ପରେ ପାଣିର ସ୍ୱପ୍ନ କିଆରୀ ପାଇଁ,
ସଭ୍ୟତାର କେଉଁ ପାହାଚ ତୁମେ ସମୃଦ୍ଧିର ଐତିହ୍ୟ ବୁଝାଇ ଦିଏ ?

ଏଠି ନାଟକ ଥାଇପାରେ, ସଭାମଞ୍ଚ ଥାଇପାରେ,
ଥାଇପାରେ ଇନ୍ଦ୍ରପ୍ରସ୍ଥ, ବାନପ୍ରସ୍ଥ, ତପସ୍ୟସମ୍ଭୂତ ଫୁଲଗୁଚ୍ଛ।

ଅଜଣା ବାଟରେ ଜହ୍ନ ଶ୍ମଶାନ ମଝିରେ ଆତଙ୍କିତ ହୁଏ
ଚିର୍ଗୁଣୀ ତିନୋଟି ମଲା ପିଲାଙ୍କୁ କନ୍ଦାଇ କନ୍ଦାଇ ହସେ,
ଅତୀତ ଏକାବେଳେ ନିଶ୍ଚିହ୍ନ ହୁଏନା ଶ୍ୱାସଧାରରେ
ଗତିର ଅର୍ଥ ତୁମ ସଫଳତାକୁ ବିମ୍ବିତ କରୁଥିବା ଆଲୋକ ରେଖା।

ସେମାନେ ମ୍ଳାନ ହୁଅନ୍ତି ନାହିଁ ହୃଦୟ ମଝିରେ,
ଜ୍ୟୋସ୍ନା ଋଣ ଦିଏନା ରକ୍ତକୁ ଅଧିକରୁ ଅଧିକ ଶ୍ରଦ୍ଧା;
ସେଇ ନାରୀ ଜଣକ ସବୁଦିନେ ଅନୁରାଗରେ ପାଗଳିନୀ
ସେ ମାନେନା ପ୍ରତ୍ୟାଶା ବ୍ୟତୀତ କେଉଁ ପ୍ରେମିକକୁ।

॥ ୩ ॥
ଆସିବ ସକାଳ, ଅଜଣା ଠିକଣା ତା'ର
ଚା' କପ୍‌ଧାରେ ରଖିବ ତୃଷ୍ଣାଭାର;
ଲୁଚିଥାଏ କହ କେଉଁଠି ଅନ୍ଧକାର,
ଧାନକଟା ପରେ ରାହା କେଉଁ ବାଟୋଇର !

ଅଜଣା ବାଟରେ ହଠାତ୍ ଆସିଲେ ରାତି,
ଜହ୍ନରୁ କାଳେ ବାକି ଥାଏ ତୁମ ଗତି !

ପଂକ୍ତି କବିତାର

ଅନେକ ଭାବନାକୁ ଖିନ୍‌ଭିନ୍ କରୁଥିବା ଆବର୍ତ୍ତ
କେଉଁଠି ଲୁଚିଥାଏ ?
ଶ୍ୱାସରେ, ବିସ୍ମୃତିରେ ନା ଶଙ୍କାରେ...

କିଏ ଜଣେ ଭାରି ଭୋର୍ ସଂକେତ ଦିଏ ଉଦୟରାଗର,
ଆଉ ସମୁଦ୍ର ବାଲିରେ
ଅନ୍ଧକାର ଜାଣିପାରେ ତା'ର ବିଦାୟ ଲଗ୍ନ...

ନାନା ଦିଗରୁ ପକ୍ଷୀମାନେ ହୁରୁଡ଼ାଇ ନିଅନ୍ତି ବିଷଣ୍ଣତାକୁ,
ନିର୍ବାସିତ ଆକାଂକ୍ଷାସବୁ
ପଥ ହୁଡ଼ି ଲୁଚି ଯାଆନ୍ତି ଝାଉଁ ଜଙ୍ଗଲରେ...

ଅନେକ ବିଶୃଙ୍ଖଳ ପ୍ରଶ୍ନବାଚୀ ଉଙ୍କିମାରେ ଲହଡ଼ିରେ,
ଜୀବଜନ୍ତୁର ପ୍ରାଗୈତିହାସିକ ଶଙ୍କା
ଟଳମଳ ହୁଏ କେତେ ତୀକ୍ଷ୍ଣ ନକ୍‌ସାରେ...

ହଂସଶୁଚି ସୂର୍ଯ୍ୟଡ଼େଣା ଲାଲ୍ ଲାଲ୍ ଶର ଫିଙ୍ଗେ ଦିଗ୍‌ବଳୟରୁ,
ସବୁ ସଜାଡ଼ି ପାରୁଥିବା ଧୀ
ଧୀରେ ଏକାଗ୍ର ହୁଏ, ଦେଖେ ଜୀବନର ପୁନରାବର୍ତ୍ତନକୁ...

ଚଢ଼େଇ ଛୁଆ ଚିଁ ଚିଁ କରି ଭୂଇଁରେ କଚାଡ଼ି ପଡ଼ିଲେ,
ଗେହ୍ଲାରେ ମାଆ ତାକୁ ବେଢ଼ିହୁଏ
ଦିଗୁ ଦିଗୁ ସଙ୍କାନ କରେ ତା' ଗତିରେ ଭବିଷ୍ୟତ...

ସମାବର୍ତ୍ତନ ଉତ୍ସବରେ ସେମାନେ ଆଜ୍ଞା ସ୍ମରଣ କରନ୍ତି,
ଚିତ୍ରକକ୍ଷରେ ସୁନାର ତପ୍ତପିଣ୍ଡ
ସମସ୍ତ ଗତି ସତ୍ତ୍ୱେ ଢେର୍ ସ୍ଥିର ଥାଏ ହୃଦୟ ମୁହୂର୍ତ୍ତଟେ...

ଢେର୍ ସୂତ୍ର ମନେଥାଏ ଏକ ଚକ୍ର ରଥ ଗତିରେ,
ଅଶ୍ୱ ଓ ସାରଥି
ଆହା ! ଅର ଓ ନେମି ନିର୍ଦ୍ଦେଶିତ କରେ ପ୍ରସନ୍ନତାକୁ...

କର୍ମ କ'ଣ ନକ୍ସା ଆଙ୍କେ ପୃଥିବୀରେ ପୃଷ୍ଠାରୁ ପୃଷ୍ଠାକୁ ?
ଖିନ୍‌ଭିନ୍ ଅସ୍ତିତ୍ୱ
ଢେର୍ ଅନୁରାଗ ମୁହଁରେ ଢାଙ୍କୁଣି ଥାପିଥାଏ ଜ୍ଞାତସାରରେ...
ବିଚରା ସଇସ ଆଗକୁ ଦେଖୁ ଦେଖୁ ଭୁଲିଯାଏ ନିଜକୁ,
କଙ୍କିଟେ ଝରିପଡ଼େ ଢେଉରେ
ଢେଉରୁ ଲୋଟିଲେ ପକ୍ଷୀପର ବିଞ୍ଛିବ ଏ ଧୂଳିକଣା ପିଲା ଆଖିରେ...

ତେଢ଼ା ସ୍ୱରରେ ଚା'-ୱାଲାମାନେ ଶରବିଦ୍ଧ କରନ୍ତି ସହୃଦୟତାକୁ,
ପଂକ୍ତିଏ କବିତା ଆସେ ଶ୍ୱାସକୁ
ପଞ୍ଜରା କାଠି ତଳକୁ ଅନେକ ହଂସଡେଣାର ଆକାଶ...

ବାଗୁଡୁଗୁଡୁ ନୋଳିଆ ଟୋକା ମୁହାଁମୁହିଁ ହୁଅନ୍ତି ଢେଉ କଢ଼େ,
ସବୁ ମାନି ନେଉଥିବା ପୃଥିବୀ
କବି, କବି ଓ କବିତା, କବିତାକୁ ଭୁଲି ପାରେନା କାହାରି ଦ୍ୱାହିରେ...

■

ଅନ୍ୱିତା

ଅଂଶୁଘାତ ବେଳେ ଝରିପଡ଼େ
ବଲ୍‌କଲ ଉପରେ ଥିବା
ଲାଲ୍ ଗରଗର ଅଶୋକ କଢ଼ ।

ପ୍ରଜାପତି ତାକୁ ଛୁଇଁ ପାରେନା
କି ମାଳୀ ତାକୁ ଦେଖି ପାରେନା ।

ଅଳତା ପାଦରେ ଝିଅଟିଏ ଦୌଡ଼ି ଆସି
କାଣିଆଙ୍ଗୁଠି ଶେଷ ପବରେ
ଚିତ୍ର ଲେଖେ ସେଇ ନିଡ଼ର ।

■

ମହାବାତ୍ୟା ପରେ

ମହାବାତ୍ୟା ପରେ ତୁମ ପୃଥିବୀର ସେ ଯେଉଁ ମଣିଷ
ସ୍ୱପ୍ନ ଦେଖେ ବଞ୍ଚିବାର, ରୂପରେଖ କାହିଁ ଉହ୍ୟ ଥାଏ,
ନୀଳାକାଶ ତଳେ ଥିବା ନକ୍ଷତ୍ରରୁ ତଳେ ଲୁହଧାର
ଆଖିରୁ ଶୁଖିବା ପରେ କେତେବେଳେ ପତା ପଡ଼ିଯାଏ।

କ୍ଷତରୁ ସଞ୍ଚାର ହୁଏ ଆରୋଗ୍ୟର କିଛି ଚେଷ୍ଟା
ଛିନ୍ନଭିନ୍ନ ଶୃଙ୍ଖଳାରୁ ଆଉଥରେ ପର୍ବ ପ୍ରବାହର,
କେତେ ଧୀରେ ସ୍ୱଷ୍ଟ ହୁଏ ରୂପରେଖ ନଷ୍ଟ ଅସ୍ତିତ୍ୱର
(ଈଶ୍ୱର ଥାଆନ୍ତି କେଣେ... ଧ୍ୱଂସ ସ୍ତୂପେ କୁଢ଼ କୁଢ଼ ସ୍ମୃତି)
ତୁମେ ଗଢ଼ିଥିଲ ନିଜେ ଏଣେତେଣେ ଆତ୍ମାର ବିସ୍ମୃତି;
ବସ୍ତୁରୁ ବସ୍ତୁକୁ ଥିବା ଉହ୍ୟ କେଉଁ ଅଭିମାନ
କ୍ରମେ ଥାଏ ସଂଯତ କେତେ ସୂତ୍ର ରହେ ସମାହିତ;
ତୁମେ କ'ଣ ସବୁ ଭୁଲିଯିବା ପରେ
ମନେ ରଖିଥାଅ କେଉଁ ସଙ୍ଗୀତର ଛୋଟ ଆଦ୍ୟପଦ;
ଶବ୍ଦ ନା ସର୍ଜନା କେବେ କାଳଚକ୍ରେ ହୁଏନା ପରାସ୍ତ।

ସେ ସବୁ ସ୍ୱପ୍ନରେ ଢେର ବାଧାପାଏ ଶିଶୁରକ୍ତେ, ମାତାର ଉନ୍ମାଦେ,
ପଶୁ ଲାଞ୍ଜ ଖଣ୍ଡିଆଭୂତରେ ନାଚେ ଅନ୍ଧ ଘୂରି ଘୂରି,
ଖୁରା ଖୋଳିଦିଏ ବାଲି, ଶିଂଘ ଢେର ମାଟି ଦିଏ ତାଡ଼ି
ରୌରବ କେଉଁଠୁ ଆସେ ଦ୍ୱାରେ ଦ୍ୱାରେ ଦେହ ପଡ଼େ ଟଳି।

କେଉଁଠି ସାଇତି ଥାଅ କାଲି ପାଇଁ ଆଉ ଶ୍ରମ, ଆଉ ଦୁଃସାହସ ?
ଏଠି କ'ଣ ସଂକ୍ରମିତ ଇଚ୍ଛା ଥାଏ ମୃତ୍ୟୁ ପାଇଁ ଦୀର୍ଘ ମିଆଦରେ,
ଏଠି କ'ଣ ଅନେକ ଅପେକ୍ଷା ଥାଏ ନିଃସ୍ୱାର୍ଥରେ ଦୁଃଖ ସହିବାରେ,
ସବୁ ଆକୃତିରେ ସତ୍ୟ ରୂପ ନିଏ ନିରାତଙ୍କ ବୈଦିକ ଗୁମ୍ଫାରେ ?

ମାପି ହେବାପରେ ଧ୍ୱଂସ ଲହଡ଼ି ସୀମାନ୍ତଠାରୁ ନଗ୍ରର ଉପାନ୍ତ
ପ୍ରାଗୈତିହାସିକ କେଉଁ ଅତିକାୟ ଜୀବର ବୁଭୁକ୍ଷା,
ଇତସ୍ତତଃ ଶସ୍ୟବୀଜ, ଛିଣ୍ଡା କେନା ମନ୍ଦାରମାଳର,
ଡଙ୍ଗା ପିଟି ହେବା ପରେ ସ୍ୱସ୍ତି ଚିହ୍ନ ଭାଙ୍ଗିଯାଏ, କାଳ ମାଗେ ଭିକ୍ଷା ।

ସଞ୍ଚିତ ସମ୍ପଦ ସବୁ ଯଶ, ଦୀପ୍ତି, ବିଜ୍ଞାନ ଚେତନା
ରିକ୍ତ ହୁଏ କେତେବେଳେ ସେ ଅଭୀପ୍‌ସା ବ୍ୟକ୍ତି ଓ ସଂଘର !
ତୁମେ ଶେଷ ସମ୍ବେଦନା କାଲି ପାଇଁ ଭରସା କାହାର-
ମାଟି ପାଇଁ ଆଉ ଶ୍ରଦ୍ଧା, ଆତ୍ମା ପାଇଁ ଆଉରି ସମ୍ବଳ ।

ତୁମେ କି ନିକଟ ହୁଅ ଧ୍ୱଂସ ହେଲେ ଅନେକ ଅସ୍ତିତ୍ୱ
ପଣ ରଖ ଶସ୍ୟ ପାଇଁ, ଫୁଲ ପାଇଁ, ପୁଷ୍ଟି ପାଇଁ ଅନେକ ସାମର୍ଥ୍ୟ,
ଧସିପଡ଼େ ଇଟାମାଟି ଆଉଥରେ ବୁଝିବାକୁ ସ୍ଥିତିର ଗାମ୍ଭୀର୍ଯ୍ୟ
ବିପଦ ସାମ୍ନାରେ କିଏ ନିଦ୍ରା ଯାଏ ଛନ୍ଦି ହେଲେ ସତ୍ତାର ସୌହାର୍ଦ୍ଦ୍ୟ ।

ମହାବାତ୍ୟା ପରେ ତୃଣ ଅଙ୍କୁରଟେ ଚଞ୍ଚୁଦାଢ଼େ ଟାଣିଆଣେ ପକ୍ଷୀ
ସେ ପୃଥିବୀ ଭୁଲିପାରେ ନାହିଁ ସବୁ କ୍ଷୋଭକ୍ଷତି କ୍ଷଣିକ ଧ୍ୱଂସର,
ତୁମେ କାଳେ କାଳ ହେଲେ ସବୁ ନଷ୍ଟ ଆଉଥରେ କର ରୂପାନ୍ତର
ଶ୍ରମ ଦିଅ, ସୁଖ ଦିଅ ଦୁର୍ଦ୍ଦିନକୁ କାବୁ କର ଅବିରତ ଚେଷ୍ଟାରେ ତୁମର ।

■

ମେଘ ହଂସ

ବରଫରେ ସମାଧି ପାଏ କି ହଂସ
କୁଞ୍ଜ କୁଞ୍ଜ ମେଘତଳେ ପଶ୍ଚିମ ଆକାଶେ ?
କେଉଁ ସ୍ୱପ୍ନ ଧାନଚାରା ଦେଖୁଥାଏ ନଈ ଆରପାରେ,
ଆବର୍ତ୍ତରେ ଆସେ ପାଣି ପାହାଡ଼ରୁ କାହା ଦୀର୍ଘଶ୍ୱାସେ ?

ସେଠାରେ ଉଦ୍‌ବୃତ୍ତ ଦୁଃଖ ପୃଥିବୀର ସ୍ଥିର ହୋଇ ଭାସେ,
ତୁମେ କ'ଣ ପ୍ରତ୍ୟୟ ସାଇତି ଥିଲ ଅଦୃଶ୍ୟ ଆକାଶେ ?
ସୂର୍ଯ୍ୟ କି ବିଦାୟ ନିଏ
ବାକି ରଖି ଆଉ ସ୍ୱପ୍ନ ରାତି ଆରପାରେ ?
ସେ ହଂସ ଜାଣିଚି
ତୁମେ ଜୀବନ୍ୟାସ ଦିଅ ପ୍ରାଣ କେଉଁ ଦୁଃସାହସେ ।

■

କାଳ କାଳ କାରୁଣ୍ୟ କାହାର

ଟିକେ ଜ୍ୟୋସ୍ନା ଛୁଇଁଦିଏ ହୃଦୟ ଓ...
ଅତି ଅଚାନକ ରାତି କି ନିଃସ୍ତବ୍ଧ ଲାଗେ,
ଆଖିରେ ଆଖିରେ ଲୁହ ଝରଣା ବି ମାନେ ନାହିଁ କୂଳ,
ଅନେକ ବିରହ ଥାଏ ଖୁବ୍ ଦୀର୍ଘ ହୁଏ ଯଦି ଅପେକ୍ଷା ଆମର;
ସ୍ୱରର ବିବିଧ ସ୍ମୃତି ଛନ୍ଦି ଦିଏ ପରସ୍ପର ଅଜଣା ଇଚ୍ଛାରେ
କେବେ ଏ ପୃଥିବୀ ଥିଲା ପଦାର୍ଥର ଆକର୍ଷଣେ ନିବିଡ଼, ସଂହତ;
କେବେ ଥିଲ ଅପାର୍ଥିତ ଅନୁକମ୍ପା କବିର ବିସ୍ମୟ !
କେବେ ଥିଲ ଗଭୀର ଅନ୍ଧାର ତଳେ ହଜିଥିବା ସୌରଭ ଚେତନା
ଲତାର, ବୃକ୍ଷର ଯେତେ ଯତ୍ନଶୀଳ ଉପହାର, କ୍ଲେଶ ଆଉ କ୍ଷୟ;
କେବେ ତୁମେ କହିପାର ନାହିଁ ମୃତ୍ୟୁ ମନେରଖ ସବୁ ଅଭ୍ୟୁଦୟ ।

ଏଠି ତ ଆକାଶ ହୁଏ କକ୍ଷଟିଏ...
ଢେର ଗତି ଉପଗତି ଐତିହ୍ୟରୁ ଶଙ୍କା ରଖିଥାଏ;
ଇତିହାସ ଦ୍ୱାହି ଦିଏ ଆକର୍ଷଣ ହୁଏ ସଂଗଠିତ;
ତୁମେ କାଳେ ଗୁଣୁଗୁଣୁ ଜନ୍ମ ନିଏ ଦଶମ ପୁନଶ୍ଚ;
ସବୁ ସେ ସ୍ୱପ୍ନରେ କେତେ ପ୍ରତୀକ୍ଷିତ ବିସ୍ମୃତି ଓ ପାଣିଧାରେ ଗୀତ,
ଧାରେ ଦୁଃଖ ଟାଣି ଆଣି ଭାଗ କରେ ଜ୍ୟୋସ୍ନାର ପ୍ରପାତ ।

ଟିକିଏ ଚେତନା କେଣେ ମଗ୍ନ ହୁଏ...
ଏ ଆକାଶ ସାକ୍ଷୀ ଥାଏ ଅବଲୁପ୍ତ ଶ୍ୱାସେ,
ତୁମେ ସଜାଡ଼ିଛ କେତେ ଯୌବନକୁ ଅଜ୍ଞାତ ବିଘାତେ;
କେତେ ଥର ଚିଠିସବୁ ଚିରି ଲେଖ, କେତେ ଥର ଶବ୍ଦ ବଦଳାଅ

ଅର୍ଥରୁ ସୂକ୍ଷ୍ମତା କେଉଁ ମଣିଷର ରଖେ ପରିଚୟ;
ଧୀରେ ଘୁଞ୍ଚେ ମିଛ ଶଙ୍କା ନୈପୁଣ୍ୟରୁ ନିବୃତ୍ତ ହେବାର
ତୁମେ କ'ଣ ଜାଣି ନାହଁ ଲୁହ ହୁଏ କାଳ କାଳ କାରୁଣ୍ୟ କାହାର।

ପଞ୍ଜୁରୀରୁ... ଦେହରୁ... ଶବ୍ଦରୁ...

କିଛି ଅର୍ଥ ଥାଏ ପଞ୍ଜୁରୀରୁ ଯାଏ ଶୁକ ପୁଣି ଫେରିଆସେ,
କିଛି ଅର୍ଥ ଥାଏ ସୀମାବଦ୍ଧ ହୁଏ ଦେହ ମୁକ୍ତି ପାଇଁ ଦୁର୍ଗ,
କିଛି ଅର୍ଥ ଥାଏ ମନ ଖୋଜେ ରହି ରହି ରୂପାନ୍ତର ଫର୍ଦ୍ଦ।

ତୁମେ କ'ଣ ମାଟିକୁ ପୃଥକ୍ କର ସମୁଦ୍ରରୁ ଆକାଶ ସୀମାରୁ ?
ତୁମେ କ'ଣ ସୂର୍ଯ୍ୟକୁ ସନ୍ଦେହ କର ଦୂରତ୍ୱରୁ ରତୁ ଘୂର୍ଣ୍ଣନର ?
ତୁମେ କ'ଣ ଜହ୍ନକୁ କେବଳ କହ କ୍ଷୟ ବୃଦ୍ଧି ଅବ୍ୟକ୍ତ ମନର ?

କ'ଣ ଥାଏ ନାହିଁ ସୁଖ... ପ୍ରଜ୍ଞା ଥରେ ନିର୍ଣ୍ଣାୟକ ହେଲେ
ଯୌବନରେ ?
କ'ଣ ଥାଏ ନାହିଁ ସ୍ୱପ୍ନ... ସଂଜ୍ଞାୟିତ ହେଲେ ସତ୍ତା କାଳର
ସ୍ଥାପତ୍ୟେ ?
କ'ଣ ଥାଏ ନାହିଁ ପ୍ରଶ୍ନ ଉତ୍ତର ମିଶିଚି ଜାଣି ଦେଖ ଆଚମ୍ବିତେ !

■

ସବୁ ନୁହେଁ ଯୁକ୍ତିରେ ସମ୍ଭବ

ଥରେ ଅଧେ ଆଉ ହାଫ୍ ଲୋଡ଼ା ହୁଏ,
ଆଉ କଥା ଅଛିଣ୍ଡା ପଂକ୍ତିରୁ ସ୍ପିନୋଜା ସ୍ମରଣ କରେ;
ଜାରାଥୁଷ୍ଟ୍ର, ଜଏସ୍ ବା କାମ୍ୟୁ;
କାଫ୍‌କା ଥରେ ଦିଆଲ୍ ଭିତରେ ମୁଣ୍ଡ ଭରିବାରୁ
ଭାଷା ଶୁଭେ ପଞ୍ଜରା କାଠିକୁ,
କ୍ରମାଗତ ମଣିଷଙ୍କୁ, ପୀଢ଼ିରୁ ପୀଢ଼ିକୁ,
ଭାବୁକ ଓ ଅକିଞ୍ଚନଗଣେ;
କଥା ଶୁଭେ ଭାବିପାର ନାହିଁ ଯେଣୁ ଆଉ ନିକାଞ୍ଚନେ।

ଆଉ ହାଫ୍ କଫି କହୁଁ କହୁଁ ଚା' ଇଡ଼ିଦିଏ କିଏ ଅନୁମତି କ୍ରମେ,
ଏଠି କ'ଣ ଏମିତି ବିସ୍ମୟ ଅଛି ଦର୍ଶନ ଶାସ୍ତ୍ରର!
କାବ୍ୟର ଓ ପୁରାକଥା ଚରିତ୍ର ସବୁର!
ବନ୍ଧୁ ନ ହେଲେ ତ ନାହିଁ
ସେ ଚରିତ୍ର ଶେଷଯାତ୍ରୀ ବଣ୍ଡେଲ୍ ଟ୍ରେନ୍‌ର
ଭେଣ୍ଡରଙ୍କ ସାଙ୍ଗେ ଫେରେ ବିଡ଼ି ଟାଣି,
ତୁମ ସାମ୍ନା ହେଲେ ଗଢ଼େ
ଟେବୁଲ୍ ଧାରରେ ମାପି କୌଣିକ କେବଳ;
କ'ଣ ସେ କହିବ ଆଉ ସେଦିନ ତ ଧୂଆଁଭରା ମେଘ,
ଆକାଶ କୋଣରୁ ଆସେ ଢଳି ଢଳି ସନ୍ଦିଗ୍ଧ ଆବେଗ;
ସେଦିନ କଷରା ଘୋଡ଼ା ନୂଆ ସଇସକୁ ଫିଙ୍ଗେ
ଦୌଡ଼ ପଡ଼ିଆରେ,
ବାବୁ ଗହଣରେ ଥିବା ପ୍ରୌଢ଼ ଜଣେ ଅବସରପ୍ରାପ୍ତ;

କେଜାଣି ଆସର ଥରେ ଜମିଗଲେ ଅକସ୍ମାତ୍
ସାଜେ ମହାଭକ୍ତ।

ଆଉ କ'ଣ କହୁଥିଲେ ବାନ୍ଧବୀ ଓ
ପାର୍କ ଛାଡ଼ିଯିବା ବେଳେ ବୋମ୍ଭୁ ?
କ୍ଳବ୍ ଦେୟ, ପୂଜା ଚାନ୍ଦା, ପତ୍ରିକାରେ ବିଜ୍ଞାପନ ଭାଷା
ସେଦିନୁ ସେ ନାଟକର ସ୍ୱଚ୍ଛ ବାତୁଳତା
ମନେରଖେ ଅନେକ ପ୍ରତ୍ୟାଶା,
ସଂଳାପ, ସଙ୍ଗୀତ ଥରେ ଉଚ୍ଚାରିତ ବ୍ୟଙ୍ଗ, ବିଦ୍ରୂପରେ;
ଅଧା ଚିଠି ଲେଖିଥିବା ବ୍ୟତିବ୍ୟସ୍ତ ବନ୍ଧୁ କାଲେ
କହିଥାଏ ଦେଖାହେବ କଫି ହାଉସ୍‌ରେ;
ହଠାତ୍ ଖବର ମିଳେ ଠିଆହେଲେ ରେସ୍ତୋରାଁ ସାମ୍ନାରେ।

ସେମାନେ କାହିଁକି ଥିଲେ ମୁଣ୍ଡ ତଳେ !
କି ପ୍ରଚଣ୍ଡ ମୁଣ୍ଡସବୁ ପ୍ରଜାପତି ତକିଆ ଚାପରେ !
କାହିଁକି ବା ଖୋଲା ଥିଲା ଉତ୍ତରକୁ ନୀଳ କାଚ ଝରକା ?
କାହିଁକି ଚଷମା କାଚ ଭାଙ୍ଗିଗଲା ଲୁହ ପୋଛିବାରୁ ରୁମାଲ୍‌ରେ ?
ସୁମିତା କହିଲା ଭାରି ଭଲପାଏ ପ୍ରେମିକ ବ୍ୟସ୍ତତା।
କାହିଁକି ସେ ଉପନ୍ୟାସ ଦୁଃଖସବୁ ସମାଧାନ ପାଇଁ
ଭୁଲ୍ ଲୋକ ସାଙ୍ଗ କରେ ମନେ ଗୁଣେ ଅତୁଟ ମମତା ?
ଥରେ ଅଧେ ଦୁଇ କପ୍ ଲୋଡ଼ା ହୁଏ...
ଅଦୃଶ୍ୟ ଅତିଥି ଜଣେ ଜଗିଥା'ନ୍ତି ସାମ୍ପ୍ରତିକ ମନର ବିକ୍ଷୋଭ
ଥରେ ଅଧେ ଅନୁଚିନ୍ତା ବନ୍ଧୁଙ୍କ ଉଦ୍ଧୃତି ଜାଲେ ବାନ୍ଧେ ଲୋଭ, କ୍ଷୋଭ;
ଅଜାଣତେ ହୃଦୟ ବାରଣ କରେ ସବୁ ନୁହେଁ ଯୁକ୍ତିରେ ସମ୍ଭବ।

ବ୍ୟାଘ୍ର ମୃତ୍ୟୁ

ରମାକାନ୍ତବାବୁ କେବେ ଦେଖିଥିଲେ ଗ୍ୟାଲେରୀର ତୃତୀୟ ପାହାଚୁ
ପୋଷାମଣା, ଭ୍ରାମ୍ୟମାଣ ଜୀବ ତୁମେ, ହାଇ ମାରି ଭୁଲିଯାଅ ଦୁଃଖ,
ତୁମକୁ ଦେଖିଚି କିଏ ଜଙ୍ଗଲରୁ, ଘାଟିରୁ ବା ଗାଡ଼ି ଝରକାରୁ
ସ୍ୱପ୍ନ ନା ଜାଗ୍ରତେ ତୁମେ ଘୂରୁଥାଅ ଶଙ୍କାକୁଳେ ଦିଅ ଦୀର୍ଘ ଲମ୍ଫ।

ପିଲାଏ ପକାନ୍ତି ହୁରି 'ମାମୁଁ' କହି ଆବେଗରେ ସାକ୍ଷାତ୍ ଲଗ୍ନରେ
ଚିଡ଼ିଆଖାନାରେ ତୁମ ମନ ରହେ ଏକାଗ୍ର ନା ହିଂସ୍ର ନା ଭୟାର୍ତ୍ତ;
ଅଭିନୟ ଅତିଥ୍ୟରେ ତୁମେ କାଳେ ନିଶ ମୋଡ଼ ଦାନ୍ତ କଟମଟ
ନିଆଁହୁଳା ଜଳୁଥାଏ ଡୋଳା ତଳେ : ଆମେ ମତ୍ସ୍ୟ ତୁମେ କି କୈବର୍ତ୍ତ ?

ଭୀମରଡ଼ି ଶୁଭେ ମେଘ ଗର୍ଜିଲେ ଓ ମହାବାତ୍ୟା ଦିଗ ଓଗାଳିଲେ,
ତୁମେ କ'ଣ ବ୍ୟଗ୍ର ହୁଅ, ଉଗ୍ର ହୁଅ ? ଭୟଙ୍କର ଆଦିମ ଦେବତା...
ବ୍ୟାଧ ନା ବ୍ୟାଧି ନା କ୍ଷୁଧା ଫିଙ୍ଗିଥାଏ ପ୍ରକୃତିର ଦୁର୍ଦ୍ଧର୍ଷ ବୈରିତା,
ଦୃଶ୍ୟ ଅଭିନୟେ ଜୀବ କେବେ କ'ଣ ଜିଣିପାରେ ସମସ୍ତ ଜଡ଼ତା ?

କେଣେ ଦଂଷ୍ଟ ହୁଅ, କେଣେ ନଷ୍ଟ ହୁଅ, କେଣେ ହୁଅ ଲକ୍ଷ୍ୟଭ୍ରଷ୍ଟ ବନ୍ଧୁ
ଶୋକସଭା ଶୋଭାଯାତ୍ରା ମଉଳଇ ଫେରିଯା'ନ୍ତି ପର୍ଯ୍ୟଟକ ଦଳ
ନନ୍ଦନକାନନେ ତୁମେ ଇନ୍ଦ୍ରପଦ ଲୋଡ଼ି ନାହଁ ପ୍ରଶସ୍ତିରେ ମାତୃପିତୃ ଯଶ
ପ୍ରବାଦ ରହିଛି ତୁମେ ଶାନ୍ତ ଥିଲେ ଆମ ହୃଦେ ସଞ୍ଚରେ ସାହସ।

କ୍ରୀଡ଼ାକୌତୁକରେ ବିତେ ଶୈଶବ ଓ କୈଶୋରରେ ପ୍ରଚଣ୍ଡ କାହାଣୀ
ଦେବୀଙ୍କୁ ବସାଏ ତୁମ ପିଠିରେ ଓ କାନ ଧରି ଟାଣେ କାପାଳିକ,

ହଳଦୀ ପାଣିରେ କାଳେ ମଣିଷଟେ ରୂପ ଭାଙ୍ଗେ ଶିଳାଧାରେ ମାଜେ ଦାନ୍ତନଖ
(ତୁମ ବିନା ଶକ୍ତି କାହିଁ ଜାତି ଆତ୍ମା ଜଗୃତିରେ ହେବ ଅଭିଷେକ !)

ଅରଣ୍ୟର ସ୍ୱର୍ଣ୍ଣସ୍ମୃତି ନାମରୂପ ନିର୍ଣ୍ଣୟରୁ ଦାସ ହୁଅ ମଣିଷ ଯନ୍ତ୍ରର,
ମହାବାତ୍ୟା ଚକ୍ର ଘୂରେ କେଉଁ କ୍ରୁଦ୍ଧ ମଡ଼କ ନୃତ୍ୟଛନ୍ଦ ରୁଦ୍ଧ କରେ ଶ୍ୱାସ;
କୀଟ କି ନିର୍ଭୀକ ହୁଏ ପାଖୁଡ଼ାରେ ରକ୍ତଧାରେ ଛନ୍ଦି ଦିଏ କେତେ ନାଗଫାଶ
ଆଖିରେ ପଲକ ନାହିଁ ଘୁଞ୍ଚିଯାଅ ଶ୍ମଶାନକୁ ଶ୍ରଦ୍ଧା ବେକ ଝୁଣି ଖାଏ କେଉଁ ଅବଶୋଷ ।

■

ଫେରି ଯାଇଥିବା ସେଇ ଝିଅଟି

ଫେରି ଯାଇଥିବା ସେଇ ଝିଅଟି ନିଛାଟିଆରେ ଠିଆ ହୁଏ,
ଗଛ ଲଟାରେ ପକ୍ଷୀର ଡାକ ଥରେ ଅଧେ ତ ନିଶ୍ଚୟ ଅଛି,
ଅଛି ପବନକୁ ଥରାଇ ଦେବାରେ ଟିକିଏ ମୃଦୁତା।

ଆକାଶରେ ନଇ ଆଙ୍କୁଥିବା ହଲ୍‌କା ମେଘ
ଟିକିଏ ଲମ୍ବିଯାଏ ଦିଗ୍‌ବଳୟ ଆଡ଼କୁ;
ଏବେ ନ ହେଲେ ବି ସୂର୍ଯ୍ୟ ନଇଁବା ବେଳକୁ ବର୍ଷାର ଭୟ,
ଫୁଲ ଚାଙ୍ଗୁଡ଼ାଏ ବୁଣି ଦୌଡ଼ି ପଳାଇବ ପାଗଳ ଝଡ଼।

ମୁହଁଟେ ରଙ୍ଗ ପିଚକାରୀରେ ଝିଲ୍‌ମିଲ୍ ହୋଇଯାଏ,
ବୋହୂ ହେବାର ଓଢ଼ଣା ଟାଣିଲେ ଛୁଇଁଦେବ ଦମ୍‌କାଏ ବାସ୍ନା;
ସେ କାହୁଁ ଲୁଚାଇ ପାରିବ ଶ୍ୱାସକୁ ଛାତି ତଳେ,
ନିର୍ଜନତାକୁ ଚଢ଼େଇ ଡେଣାରେ ?
ସେଇ ଝିଅଟି କାଳେ ଲୁଗାକାନିରେ ଚାପି ରଖେ ଦୁଇଧାର ଲୁହ,
ବିଜୁଳି ଚମକରେ ଗୁନ୍ଥିହୁଏ ବଗିଚାରେ ଅନେକ ଫୁଲ।

■

ଆଉ ଲୋକଟିଏ ସୂତ୍ର ଖୋଜେ ଜୀବଜୀବନର...

ବାହୁଡ଼ି ଯାଇଥିବା ଗାଆଁଲୋକେ
ପାହାଡ଼ି ବାଟରେ ଆଗଉଥିବାବେଳେ
ଟିପ୍ ଟିପ୍ ତାରା ଫୁଟେ;
ସେମାନେ କହନ୍ତି ନାଇଁ
ନିଆଁ କେଉଁପରି ଫେରିଯାଏ ମାଟିରୁ,
ଧୂଆଁ କାହିଁକି ଡଙ୍କ ମାଡ଼େ ମେଘରେ,
କଳାମେଘର ନକ୍ସା କାହିଁକି ଖିନ୍‌ଭିନ୍ ହୁଏ।

ମାଟିରୁ ଫେରିଲେ, ପାଣିରୁ ଫେରିଲେ,
ପବନରେ କାଳେ ଛବି ଥାଏ ମୁହଁର,
ଗୋଠଖଣ୍ଡିଆ ଲୋକର,
ବାହୁନି ବସିଲେ କ'ଣ ପିଣ୍ଡାକୁ ଫେରେ
ଆଉଥରେ ଅବିକଳ ସଞ୍ଜର ଅନ୍ଧାର ?

ପାହାଡ଼କୁ ଢାଙ୍କିଥିବା ଆକାଶ
ସେମାନଙ୍କ ଅବୟବ ଓ ଭୂଲତା କଳ୍ପନା କରେ,
କାହାର ତାରା ତୋଳିବା ନଗି ଭାଙ୍ଗି ପଡ଼ିଲେ
ପାହାଡ଼ି ଡାଳରୁ ପତ୍ରସବୁ ଅନେଇ ଥାଆନ୍ତି ତଳକୁ।

ଧୂଆଁ କୁଣ୍ଡଳିରେ ଓସ୍ତଗଛ ଓ ଭଙ୍ଗା ଦେଉଳ
ରଙ୍ଗ ଲଭିଥିବା ପେଁକାଳି
କାନି ଚିରିଥିବା ବହିବସ୍ତାନି
ଖେଳବେଳେ ବେକ ଭାଙ୍ଗିଥିବା ହଂସରାଳି
ଚକେ ହେବ ମାଟିରୁ
କେତେ ଚିହ୍ନଟ କରିବେ ଲୋଭ ?
କେବେ ହେବ ମେଘ ଆଖିରେ ଭିଣିହୁଏ,
ବହୁ ଦୂରରେ ଗାଆଁ ସବୁ ଗୋଠ ବାନ୍ଧେ
ଫୁଲଫଳର ପିଢ଼ି ମନ୍ତ୍ରଦଗ୍ଧ ହେଲେ
ଆଉ ଲୋକଟିଏ ସୂତ୍ର ଖୋଜେ ଜୀବଜୀବନର ।

■

ଆଉ ଥରେ ସୂର୍ଯ୍ୟୋଦୟ ହେଲେ

କାହିଁକି କଳ୍ପନାରେ ସୃଷ୍ଟି ହୁଏ ମଧୁକ୍ଷରା ନାରୀ,
କାହିଁକି ଫେରାଇ ଦିଅ ହାତପାତି ଆଣିଥିବା ଦ୍ୟୁତି,
କି ବିଷଣ୍ଣ ଦିଶେ ମୁହଁ ରେଖାରେଖା ବିକ୍ଷିପ୍ତ ଅଳକ
ଫୁଲରେ ସ୍ମୃତିର ଧୂଳିପଟଳ ଓ ମହୁକାଳେ ମୃତ୍ୟୁ ପରି ମିଠା;
ସବୁ ଶୂନ୍ୟ ହୋଇଥିବା ପିଆଲାରେ ଅସରନ୍ତି ଶୋଷ,
ଆଉ ଆବର୍ତ୍ତରେ ଆତ୍ମା ପରସ୍ପର ଦୁଃଖରେ ନିମଗ୍ନ;
କେଉଁ ପ୍ରବାହରୁ ତୁମେ ଭିନ୍ନ କର ସମୁଦ୍ର ସଙ୍ଗମ ?

ବେଶୀ ହୁଏ ନାହିଁ ରାତି, ଦିନ କେବେ ମିଛ ଲାଗେ ନାଇଁ;
ଲାଲ୍ ଫୁଲଗୁଚ୍ଛ ଜମା ଢଳେ ନାଇଁ ନିସ୍ତବ୍ଧ ନୀଳରେ;
କେଉଁ ଦୂରତ୍ୱରୁ ତୁମେ ସ୍ଥିର କଲ କ୍ରମ ପୃଥିବୀର
ଘୂର୍ଣ୍ଣନରେ, ଧ୍ୱଂସରେ ଓ ସୃଷ୍ଟି ପାଇଁ ନିର୍ବାକ୍ ଚେଷ୍ଟାରେ...
ଢେଉ ଖୋଜୁଥାଏ କାଳେ ଆପେ ଆପେ ଇଡ଼ିବ ସମୟ,
ଉପରକୁ ଥିଲେ ଚେର ପତ୍ରସବୁ ଠେଲିନିଏ ସୁଅ ?

ପ୍ରତୀକ କାହାର କିଏ ... ଘୂରୁ ଘୂରୁ ସେ ଅନ୍ୱେଷା ଶତଧା ବିଭକ୍ତ,
ବୈଚିତ୍ର୍ୟ ମନରୁ ମାଗେ ରେଖାୟିତ ଆଉ କେତେ ସ୍ମୃତି;
ନାଆ କାଳେ ଜହ୍ନରାତି ଥାଏ ବୋଲି ଆବର୍ତ୍ତରୁ ଖୋଜଇ ବିରତି;
ଆଉରି କରାଳ ସ୍ୱପ୍ନ ପୋଛିନେଇ ବଣ ଆଡ଼େ ଦୌଡ଼ିଲେ ପବନ,
ତୁମେ କ'ଣ ଲେଖୁଥାଅ ହୃଦୟରେ ଜୀବନର ମହାର୍ଘ ପ୍ରଶସ୍ତି ?

କେଉଁ କଳ୍ପନାରୁ ନାରୀ ଆଗେ ସବୁ ସମ୍ପଦ ଠୁଳାଏ–
ତୃଷ୍ଣା ରଖେ ଶୂନ୍ୟସ୍ଥାନ ଆଉ ପୀଢ଼ି ନିଜ ପାଇଁ ଝୁଙ୍କେ,
ସୃଷ୍ଟିର ସଂକଳ୍ପ ଥରେ ନିର୍ବାସିତ କରିଥିବା ମୃତ୍ୟୁ
ଉହ୍ୟ ରଖେ ଗତିଚକ୍ର ଚେତନାରୁ ଯାହା ଚିତ୍ର ଆଙ୍କେ।

ବୋମା ଫୁଟୁଥିବ ଜନଗହଳିରେ ନୂଆ କାର୍‌ଟାରେ,
ଯୌବନ ଗୋପନ ରଖେ ଗୁଳିଭରା ପିସ୍ତଲ ଛାତିରେ;
ଶତ୍ରୁ ଲୁଚେ ପିଆଲାରେ, ବିଶ୍ୱାସକୁ ନିଅଣ୍ଟ ସେ ଆତ୍ମା
ଗୀତ ବାନ୍ଧେ ତୁମ ନାମେ ଆହା ନାରୀ, କିଏ ପଦ ଢୁଢ଼େ!

ଆବର୍ତ୍ତ ସେମିତି ଥିବ ପ୍ରତୀକରୁ କେଉଁ ଆକର୍ଷଣ
କୁଞ୍ଚ କୁଞ୍ଚ ରେଖା ଟାଣେ, ସ୍ପର୍ଶ କଟେ ଆପେ ବାରି ହୁଏ;
ଏଣିକି ତ ଝୁଣ୍ଟିପଡ଼ ଜାଣୁ ଜାଣୁ କେତେ ଶୂନ୍ୟସ୍ଥାନ
ଡଙ୍ଗା କାହିଁ କଳ୍ପନାରେ ଆଉ ଥରେ ସୂର୍ଯ୍ୟୋଦୟ ହେଲେ ?

■

ଟିକେ ବାକି ଥାଏ

ଟିକେ ବାକି ଥାଏ ଦରିଆ ପାଖରେ ଟିକେ ପାହାଡ଼ରେ ପ୍ରତିଧ୍ୱନି,
ସଞ୍ଚରେ ଆସେ ସେ ଯେଉଁ ଜହ୍ନ ପ୍ରତିପଦ ବୋଲି ତାହାକୁ ଚିହ୍ନି;
ଟିକେ ଚାପି ରଖ ଭ୍ରୂଲତା ପ୍ରାନ୍ତେ ନୀଳ ବେଣୀ ଆଉ ଶ୍ରଦ୍ଧା ଠାଣି,
ନିରୁତ୍ତରିତ ଦିଗ୍‌ବଳୟରୁ ଆଉ କିଛି ତୃଷା ଆଣେ ମୁଁ କିଣି।
ମେଘ ତଳେ ଥାଏ ବିଦ୍ୟୁତ୍‌ରେଖା ଫିଟେ କି ଫିଟେନି କିଏ ବା ଜାଣେ!
ଅକିଞ୍ଚନର କେଉଁ ଆତିଥ୍ୟ ସ୍ମରଣୀୟ ହୁଏ ରାତ୍ରି ଗଣେ।

ତୁମେ ନିଃଶବ୍ଦ ଅନ୍ଧାରେ ରହ ଝଲି ଉଠୁଥାଏ ଅଳଙ୍କାର,
ଆତ୍ମାରେ ଥାଏ ଫେନିଳ ପ୍ରପାତ ଚିହ୍ନି ପାରେନା ଅହଂକାର;
ପ୍ରବୃତ୍ତି ଥାଏ କର୍ମରେ କେତେ ପ୍ରତୀକ୍ଷା ତେଣୁ ରାତ୍ରି ଦ୍ୱାରେ,
ଗାମ୍ଭୀର୍ଯ୍ୟର ଲହଡ଼ି ହଠାତ୍ ଚାପ ଟାଣେ ଥରେ ବାଲି କୂଢ଼ରେ;
ଆଉ ଆଣିଥିଲ ଅନେକ ପ୍ରଶ୍ନ ଶ୍ୱାସରେ ମଣି ଓ ସର୍ପଫଣା,
କବିତାରୁ କିଛି ସ୍ନିଗ୍ଧତା ବାରି କାଳ ପାଇଁ ରଖ କି ଯନ୍ତ୍ରଣା!

କବିତା ଗୋଟିଏ ସଜୀବ ହୃଦୟେ ଇଦ୍ ଜହ୍ନରୁ ଖୋଜଇ ଦ୍ୟୁତି,
କେତେ ଅନ୍ଧାର ତୁମ କବରୀରେ ସାଇତି ରଖଇ ମୃତ୍ୟୁ ସ୍ମୃତି!
ସେଦିନ ଅନେକ ମରଣରୁ ତୁମେ ଜିଣି ଆଣିଥିଲ କାବ୍ୟଧାରା,
କଳସରେ ଥିଲା କେଉଁ ନିର୍ଯ୍ୟାସ ସାଗର ହୋଇବ ମଧୁକ୍ଷରା!
ଆଉ ତ ପାରିନ ଦେଖାହେଲେ ହୁଅ ଲହଡ଼ି ପ୍ରାନ୍ତେ ମୌନାବତୀ,
କେଉଁ ଛନ୍ଦରୁ ପ୍ରତିଧ୍ୱନିର ଇଶାରା ବୁଝାଏ ପ୍ରେମିକ ସ୍ଥିତି!

କେଣେ ରହେ ନୀଳ ନକ୍ଷତ୍ରରୁ ଭିନ୍ନ ଭିନ୍ନ କଟି ମେଖଳା,
କେଣେ ଭାସିଉଠେ ସୂକ୍ଷ୍ମ ମେଘରୁ ଅନୁଚିନ୍ତାର ସହଜ ଧାରା ?
ଜୀବନର କେଉଁ ସତ୍ୟ ପାଇଁକି ଯୌବନେ ତୁମେ ପ୍ରାଜ୍ଞଦ୍ୟୁତି,
ଆଲିଙ୍ଗନରେ ନିଃଶେଷ ହୁଏ ଏ ମାଟିରୁ କେତେ କ୍ଷୟ ଓ କ୍ଷତି ।
କରତିଳେ ଶିଳା ଋତୁଚକ୍ର କି ଐତିହ୍ୟ ନାଭିଶ୍ୱାସରେ ଝଲେ,
କେହି ଦେଖି ନାହିଁ ଦିଗ୍‌ବଳୟରେ କିଏ ଜଣେ ଆସେ ଅନ୍ଧକାରେ ।

■

ଜଗନ୍ନାଥ ହୃଦୟ

ତୁମେ ଦେଖିଥିଲ
   ମୁଁ ଦେଖି ନାହିଁ
      କେମିତି ଆଣିଲ ମୋତେ...
         ପଦ୍ମ ପତ୍ରେ ଥିଲ ଅବା ସୁନାରଥେ !

ଲୁଚିଥିଲ କାଳେ
   ଛଳ ନିଦ୍ରାରେ
      ବନ୍ଦ ଆଖିର ଥିଲକି ଗୋପନଦ୍ୟୁତି...
         ହୃଦୟ ପଟଳେ ଜ୍ୟାମିତିର କେଉଁ ସ୍ମୃତି !

କେବେ ଗଢ଼ିହୁଏ
   ମନରେ ଆକାଶ
      ଆକାଶ ତଳକୁ କୁଞ୍ଜ କୁଞ୍ଜ ମେଘ,
      ସୂର୍ଯ୍ୟଚନ୍ଦ୍ର ଅତୁଟ ରେଖାରେ ସିଞ୍ଚଇ ଅନୁରାଗ !

ନାଭିରୁ ଶ୍ୱାସର
   ଗୋପନ ଶବ୍ଦ
      ସଞ୍ଚାର ହେଲେ ଥରୁଟେ ମାତର ଦୂରେ...
      କାନ ଡେରି ଶୁଣ ଲୁଚିରହି କେଉଁଆଡ଼େ ?

କିଏ ସେ ଗଢ଼ିଛି
କଜ୍ଜଳଚିତ୍ର
ଚରିତରୁ ଛବି ଅତି ବିଚିତ୍ର...
ଛନ୍ଦ କି ତୁମ ହୁଏ ଅଶ୍ୱତ୍‌ଥ ପତ୍ର !

ତୁମେ ନିର୍ବାକ
ନିତ୍ୟଶାନ୍ତ
ସବୁ ଚେତନାର ନୂଆ ଦିଗନ୍ତ...
ଆଦ୍ୟରୁ କେତେ ବିପଦ କରିଛ କ୍ଷାନ୍ତ-

ଜାଣେ ବା ନ ଜାଣେ
ସବୁ ଘୁମନ୍ତ
ବ୍ୟକ୍ତିକି ବୁଝେ କାଳର ଅନ୍ତ...
ତୁମେ ପ୍ରଣୟର ପ୍ରତୀକ କୋମଳ କାନ୍ତ ।

ଦେଖିନି ସାଗର
ଗହନ ରାତି
ବୁଝି ନାହିଁ କିଏ ଆଲୋକଧାତ୍ରୀ !
ସୁନାରଥେ ତୁମେ ଦ୍ରଷ୍ଟା କିଏ ସେ ଯାତ୍ରୀ...

ସବୁ ଲୁଟି ନେଇ
କ୍ଷର ଅକ୍ଷର
ସୁଖଠୁ ତୁମେ କି ହୁଅ ଆଗୁସାର-
ଶ୍ରଦ୍ଧା କାହାର ଆପଣା ହୃଦୟେ ଖୋଜଇ ରୂପାନ୍ତର ?

କବି ପାଇଁ ହୁଅ
ଟିକିଏ ପ୍ରଜ୍ଞା
ଜୀବନ ପ୍ରତିଭୂଜୀବର ସଂଜ୍ଞା,
କାହା ପାଇଁ ହୁଅ ଅନ୍ତରଙ୍ଗ ସ୍ୱଜ୍ଞା !

ପାନ୍ଥ ମନରେ
ଦିଗଦର୍ଶକ,
ଧରାରେ ଧାରାର ହୁଅ ସ୍ପର୍ଶକ;
ଅନୁଚିନ୍ତାର ପଟଳେ ଗୋଟିଏ ଆଙ୍କ।

ତୁମେ ଦେଖିପାର
ସୃଷ୍ଟି ଚିତ୍ର
ପ୍ରବର୍ତ୍ତନରୁ ଗତି ବିଚିତ୍ର
ସୂକ୍ଷ୍ମରୁ ଆସେ ପ୍ରଗତିର ସବୁ ସୂତ୍ର...

ଅବିଭକ୍ତରେ
କେତେ ବିଭକ୍ତ
କେଜାଣି ଇଚ୍ଛା ହୁଏ ଆସକ୍ତ...
ତୁମେ ରହ ଥରେ ଯୁକ୍ତ ହେବାରୁ ମୁକ୍ତ।

ବୁଦ୍ଧରୁ କଲ୍‌କୀକୁ କାଳ

ତୁମେ ଜଗି ବସିଥିବ ସଂସାରକୁ କାଳ ଧୀରେ କ୍ଷୟ ଯାଏ ଦେଖି
କାଳ ବୃତ୍ତାୟିତ କଲେ ଆମ ସତ୍ତା ତୁମ ସତ୍ତା ତୁମେ ହୁଅ ଗତିଶୀଳ ପ୍ରାଣ
ଦୁଃଖ ବା ଦୁଃସ୍ୱପ୍ନ ଢେର୍ ଦିଗ ଘେରି ସତ୍ୟଠାରୁ ମାଗିଲେ ମେଲାଣି
ତୁମେ ପ୍ରବର୍ତ୍ତିତ କର ଜ୍ଞାନଚକ୍ର, ଅନ୍ନଚକ୍ରେ ସେ ଅନୁଶାସନ।

ପଦ୍ମକେଶରରେ ଥାଅ ପ୍ରଳୟରେ ବଟପତ୍ରେ, ନାଗବିଛଣାରେ
କେଉଁଠି ସୃଷ୍ଟିର ସତ୍ତା ପଞ୍ଜୀକୃତ ହୁଏ କହ ମଣିଷର କ୍ଷୀଣ ଚେତନାରେ,
ସବୁ କ'ଣ ବିବର୍ତ୍ତିତ ହେଲେ ତୁମେ ଢେର ଭୁଲ ସଂଶୋଧନ ପରେ
ପ୍ରାଣୀଙ୍କ ଆରତ ବୁଝ ଭବିଷ୍ୟତ ରହି ରହି ଘୁଞ୍ଚିଥିବା ବେଳେ।

କେତେ ଥର କହିହୁଏ ସମୁଦାୟ ସମ୍ବଳରୁ କେହି ଜଣେ ଭାବି ବସେ
ସୁଖର ନିଶ୍ଚୟ,
ଜୀବନ ଅଭୀପ୍‌ସା ଧୀରେ ଖୋଜୁଥାଏ ସମୟର ଅନୁକୂଳ ଗତି;
କେତେ ପ୍ରଶ୍ନ ମୀମାଂସିତ ହେବାପରେ ଅପେକ୍ଷାରେ ନୀଳ ଦିଗ୍‌ବଳୟ
ପ୍ରଜ୍ଞାର ଝଲକ ଜାଣେ ଥରୁଥର ମଣିଷର ସଂଶୋଧିତ ସ୍ଥିତି।

ଆଉ ଅନୁଶାସନରେ ଆତ୍ମା ନାମେ ପ୍ରଚଳିତ କିମ୍ବଦନ୍ତୀ ଦେହକୁ ସୁନ୍ଦର
ଦେହର ଆଶ୍ରୟେ ତୁମେ ଏଣେତେଣେ ଧ୍ୟାନମଗ୍ନ ରହ କାହାପାଇଁ,
ଜଙ୍ଗଲୀ ଗରଳ ଥାଏ ଚେରଟାରେ କ୍ଷୀରଫୁଟା ଅନ୍ନରେ ନବାନ୍ନ
ଶକ୍ତିହୀନ ହେଲେ ଛାତି ଶ୍ୱାସ ତଳେ କେତେ ଛନ୍ଦ ହୁଏ ଧଇଁସଇଁ।

କେତେ ଜଗିଥିବ ଦ୍ରୁତ ପ୍ରାଣଚକ୍ର ଗତିରେ ଏ ମନର ଅନ୍ୱେଷା
ବିଶ୍ୱ ଦୃଶ୍ୟପଟ କାଳେ କ୍ଷଣ କ୍ଷଣ ସମ୍ପର୍କିତ ହୁଏ କଳ୍ପନାରେ,
ଅସ୍ତିତ୍ୱ କି ହାର ମାନେ... ସାମୂହିକ ଜୀବନର ନୂଆ ଅଙ୍ଗୀକାରେ
ସ୍ତବ୍ଧ ଥିଲେ କି ବିଷାଦ ଢାଙ୍କିଥାଅ ପ୍ରବୃତ୍ତିର ନିର୍ଭର ପଟଳେ !

ସେ ଅନ୍ନରେ ରାହା କାହିଁ ଆତ୍ମା ଆଢ଼େ ଠୁଳ କଲେ ଯେତେ ବା ସମ୍ବଳ
ସଂଶୋଧିତ ହୁଏ ଦୁଃଖ ଅକାରଣ କାମନାର ପ୍ରଶ୍ନବାଚୀ ଧୀରେ ଉଙ୍କିମାରେ,
ତୁମେ କ'ଣ ବ୍ରହ୍ମଦାରୁ ସର୍ପଶଙ୍ଖଚକ୍ରଚିହ୍ନ ସବୁ ଲେଖ ପ୍ରତୀକ ରେଖାରେ
କାଳର ଅଧୀନ ଯିଏ କାଳ ଜିଣେ କେଜାଣି ବା କଣିକାଏ ଅନୁକମ୍ପା ଦେଲେ !

■

ଢେଉରୁ ଫେରାଇ ଦିଅ ସାବ୍‌ଜା ପକ୍ଷୀ

ଶବ୍ଦ ପଢ଼େଁ, ଶବ୍ଦ ଲେଖେଁ, ଶବ୍ଦରେ ପଚାରେଁ :
ତୁମ ଭଲ ପାଇବାର ଶେଷ ତୃଷ୍ଣା ରହେ କେଉଁଠାରେ ?
ଶେଷରେ ନିଃଶବ୍ଦ କେଉଁ ଶ୍ୱାସ ଥାଏ... ଇଚ୍ଛାର ପଞ୍ଜୁରୀ
ଧରି ରଖିଥାଏ ଗୋଟେ ପ୍ରାଣପକ୍ଷୀ, ପାରେ ନାଇଁ ଉଡ଼ି ?
ସେ କାଳେ ମାଟିକୁ ଚାହେଁ ଫେରି ଫେରି ଶୃଙ୍ଗରୁ ଢେଉକୁ
ଲମ୍ବା ଧାନକିଆରୀକୁ, ହିଡ଼ବାଟେ ସାଧବବୋହୂକୁ
ସେ କ'ଣ ଜାଣିଛି ମେଘ ଝଡ଼ ଆଣେ, ଧକ୍କା ଭାଙ୍ଗେ ଦ୍ୱାର
ସେ କ'ଣ ଜାଣିଛି ନୀଳ ବିଜୁଳିରେ କମ୍ପେ ମେରୁହାଡ଼ ?
ସେ ଶବ୍ଦର ତ୍ରାହି କାହିଁ ହୃତ୍‌ପିଣ୍ଡରୁ, ଆବର୍ତ୍ତିତ ପ୍ରଜ୍ଞାର ଚକ୍ରରୁ,
ତ୍ରାହି କାହିଁ କୁହାଟରୁ, ଗଛଡ଼ାଳେ ନିଆଁ ଜଳିବାରୁ ?

ଥରେ ମୁଁ ନିର୍ବାକ ହେବି କଥା କିନ୍ତୁ ଥିବ ତୁମ ମନ,
ପ୍ରଶ୍ନ ଆଣେ ପ୍ରତିପ୍ରଶ୍ନ, ବିସ୍ମୟରୁ ପୁଣି ମୁହଁ ଚିହ୍ନେ !
ଶ୍ରଦ୍ଧା ନା ସ୍ନେହରେ ଋଣୀ ସେଇ ପକ୍ଷୀ ସବୁଜର ଆଶ୍ଚର୍ଯ୍ୟ ଡେଣାରେ
କ୍ଷୁଧା ଫେରେ, ତୃଷ୍ଣା ଫେରେ ଢଳଢଳ କାହା ଆଖିତଳେ ?
ଥରେ ମୁଁ ନିର୍ବାକ ହେବି, ତୁମେ କ'ଣ କେବଳ ବିସ୍ମୟ
ଜନ୍ମ କୁହ, ମୃତ୍ୟୁ କୁହ ଅଭିଜ୍ଞାନ କେଉଁ ଅନୁଗ୍ରହ !
ଜଞ୍ଜାଳ ନ ଥାଏ ମନେ କିଏ ଜଣେ ଝୁଣ୍ଟିବାରୁ ଦ୍ୱାର
ଆଉରି ସବୁଜ ହୁଏ ଖେତବାଡ଼ି... ମେଘ ଛୁଏଁ ରଙ୍ଗ ଇଟାଘର ।

ଶବ୍ଦ ପଢ଼େଁ, ଶବ୍ଦ ଲେଖେଁ, ପ୍ରେମ କାଳେ ଜ୍ଞାନର ଲାଳିତ୍ୟ...
ତୁମେ କାଳେ ଫେରିପାଅ ପ୍ରାର୍ଥନାରୁ ଧ୍ୱନି ତଳେ ଲୁଚିଥିବା ସତ୍ୟ !
ସେ ଶୃଙ୍ଗ ମେଘରେ ଢଙ୍କା ସେ ଢେଉରେ ସୁଖରୁ ସାହସ
ନାରୀ ଓ ପୁରୁଷ ପାଇଁ ଲଗ୍ନ ଆଣେ କୀର୍ତ୍ତି, ଧୃତି, ଯଶ ।
ସେ ଶବ୍ଦ ଜାଣିବା ପରେ ତୁମେ ରଖ କେତେ ଦୁଃସାହସ
ଢେଉରୁ ଫେରାଇ ଦିଅ ସାବ୍‌ଜାପକ୍ଷୀ, ଶସ୍ୟ ପାଇଁ ଶୋଷ ।

■

ତୁମେ ଗୀତ ଗାଅ ବା ନାଚ କର

ତୁମେ ଗୀତ ଗାଅ ବା ନାଚ କର,
ଚିତ୍କାର କର ଥରକୁ ଥର,
ତୁମକୁ କେହି କହିବେ ନାହିଁ
ପଦ୍ମଭୁକ୍ ଦ୍ୱୀପର ବାସିନ୍ଦା।

ତୁମର ମନେ ପଡ଼ିବ
ଅନାବାଦୀ ବାରିବଗିଚା,
ଖେତରେ ତୁମ ତାଗିଦାକୁ
ଅପେକ୍ଷା କରିଥିବା ଶ୍ରମିକର ମୁହଁ;
ତୁମ ଶୈଶବରେ ଉଜୁଡ଼ି ଯାଇଥିବା
ରଞ୍ଜା ଓ ସାବ୍‌ଜା ଡଙ୍କସବୁ।

ସେଠାରେ ସେମାନେ ନ ଥା'ନ୍ତି
ଜାଣତରେ ବା ଅଜାଣତରେ;
ନିଜକୁ ପ୍ରିୟତମା, ବାନ୍ଧବୀ, ନାୟିକା ରୂପେ
ପ୍ରବୃତ୍ତ କରୁଥିବା ଛାୟାମୂର୍ତ୍ତିସବୁ
କାନ୍ଥରେ ଆଙ୍କୁଥିବେ ଶଙ୍କିତ ଚେହେରା।

ସେମାନେ ନ ଥିବେ
ଦିନେ ବି ପାଣିରେ ବସ୍ତ୍ରହୀନ,
ନ ଥିବେ ଆକାଶକୁ ହାତ ପାତିବାର
ନିମଗ୍ନ ପ୍ରାର୍ଥନାରେ।

ଅଥଚ ପାନପାତ୍ର ସବୁ ଠୁଣ୍‌ଠାଣ୍ ହେଲେ
ଦଳ ଦଳ ଲୋଭାର୍ତ୍ତ ଆଖି
ତୁମର ଟଳମଳ ପାଦସବୁକୁ ଲକ୍ଷ୍ୟ କରିବ।

ଆହା ! ତୃଷ୍ଣା ଯେ ଢେର୍ ନୃତ୍ୟ ଜାଣେ
ଏକାନ୍ତ କୋଠରୀରେ;
କ୍ଷୁଧା ଚିହ୍ନେ ମାଟିରେ ଟଳି ପଡ଼ିବାର
ଦୁର୍ବାର ମୁହୂର୍ତ୍ତସବୁକୁ।
ବଢ଼ି, ମହାମାରୀ, ଦୁର୍ଘଟଣା
ଓ ବୁଢ଼ାବୁଢ଼ୀଙ୍କ ରଙ୍କୁଣା ମନକୁ।

ସେମାନେ କ'ଣ ଭଲ କହନ୍ତି...
ଉତ୍ସବକୁ ନା ବ୍ୟସନକୁ ?
ରାସ୍ତାକଡ଼ରେ
ଜହ୍ନରାତିରେ ଜ୍ୟୋତ୍ସ୍ନା ସାଇତି ପାରୁ ନ ଥିବା
ଫମ୍ପା ବୋତଲସବୁକୁ ?
ଫଳରସର ସ୍ୱାଦ ଜାଣେନା
ଆହ୍ଲାଦ ଜାଣେନା ଦୁର୍ବାର ଚେଷ୍ଟାସବୁ।
ବିଜୁଳି ଛାଟ ପଡ଼େ ହଠାତ୍ ଗଭୀର ନୀଳରୁ।

ଆଉ ମନ୍ଦ କହିବ କାହାକୁ
ଶ୍ରମ ପାଇଁ ସମ୍ବଳରୁ,
କେତେ ନିଃସହାୟ ଚେଷ୍ଟାବି
ସାର୍ଥକ ହୁଏ ଭବିଷ୍ୟତରେ,
ମିଛରେ ବାକିଥିବା ଦେୟ ପାଇଁ
ଅଜସ୍ର ଧମକାଣି
କେଣେ ଦାଗିଦେବ ସୁସୁମ୍ନାର ନିର୍ଲିପ୍ତତାକୁ !
ସ୍ୱର କ'ଣ ବିଗିଡ଼ି ଯିବ
କାଲି ପାଇଁ ବିଶ୍ୱଦେବା ପ୍ରାର୍ଥନାରେ,

ଏକାବେଳେ ପାଉଁଶ ହୋଇଥିବ
ଝରକାର ରେଖାଏ ଜହ୍ନ ?

କିଏ ନ ଜାଣେ ଢେର୍ ଗଭୀର ସେ ଆବେଗ
ଛାୟାଚିତ୍ର ଗୀତରେ,
କିଏ ନ ଜାଣେ ଢେର୍ ଜ୍ୱାଳା ଏରୁଣ୍ଡି ଡେଇଁଲେ
ଗୋପନ ଇଚ୍ଛାରେ,
ଆଉ ଟିକେ ଦ୍ରାକ୍ଷାରସ ଅଭାବ ପଡ଼ିଲେ
ରସାୟନିକ ସ୍ଫୂର୍ତ୍ତି,
କେଉଁ ପତ୍ରଶିରାରୁ, ଫୁଲନାଡ଼ରୁ, ଘାସରକ୍ତରୁ
ସଂଗୃହୀତ ସେ ଅଣୁକଣା,
ତୁମେ କ'ଣ ସତରେ ଚିତ୍କାର କର
ପଦ୍ମନାଡ଼ ଶୋଷିଲେ !

ଆମେ କ'ଣ ମରିଯାଉ
ବିଭିନ୍ନ କୋଠରି ସବୁରେ
ନୂଆ ସହସ୍ରାବ୍ଦୀରେ...
ସେମାନେ କି ଭୟାର୍ତ୍ତ
ମୃତ୍ୟୁ ନିରପେକ୍ଷ ଗତାନୁଗତିକତାରେ,
ପିଲାଏ ରଞ୍ଜା ଖସିଥିବାର ଗୀତ ଶୁଣିବେ
ପକ୍ଷୀ ସ୍ୱରରେ,
ତୁମେ ଆଉ ଉଲଗ୍ନ ହେଲେ
ପୂର୍ଣ୍ଣାବୟବ ଯୌବନ ମାଗିନେବ ଯମରାଜାଙ୍କୁ ।

■

ଜହ୍ନ ବୁଡୁଥିଲେ

ସେ ସବୁ କାହାର ତୃଷ୍ଣା ଅବଜ୍ଞାରେ ଲାଗିଲେ ଆଘାତ
ଅନ୍ଧାରରେ ବେଶ ପିନ୍ଧେ ଅଭିନୟ କରିଯିବା ପାଇଁ;
ପବନ ବାସ୍ନାକୁ ଚିହ୍ନେ ବୁଲୁବୁଲୁ ବଗିଚା କଡିରେ,
ଜହ୍ନ ଜାଣେ ଝରକାରେ କେହି ଜଣେ କାନ୍ଦେ କଇଁକଇଁ।

ଟିକେ ଝାପ୍‌ସା ଲାଗେ ସବୁ ଅପହୃତ ଯଶ ଆର୍ଜବର,
ଟିକେ ଦ୍ୱିଧାଗ୍ରସ୍ତ ହୁଏ ଓଳିତଳ ଭୂତମାନେ ଗୋଡ଼ ଲମ୍ବାଇଲେ;
ଟିକେ ଝୁଙ୍କି ପଡ଼ିବାରୁ ଅଗଡ଼ାଳ ଛାଲି ମୁଠେ, ବାଲି ମୁଠେ ଝରେ,
ଜ୍ୱର ଅଛି ବାହାନାରେ ବାବୁ ଥିଲେ ନୂଆ ବନ୍ଧୁ ମେଳେ।

ସେ ସବୁ କାହାର ତୃଷ୍ଣା ପ୍ରାଜ୍ଞଜନେ ତୀକ୍ଷ୍ଣ ଆପ୍ତବାକ୍ୟେ
ଛାରଖାର କରିଥାନ୍ତି ପ୍ରବୃତ୍ତିର ଯେତେ ହିଂସ୍ର ବଳ,
ସେ କାହିଁ ଦ୍ୱିଧାରେ ଛୁଏଁ ଅଳକ ଓ ବାଉଳା ବତାସ-
ଚିରୁଣି ପିଙ୍ଗିବା ବେଳେ ବିରକ୍ତିରେ... ଜୁମ୍ଭା କି ପଥର !

ଆର୍ସି ଆୟତରେ କାଳେ ଥରେ ଦୁଶେ ମେଘ ରଙ୍ଗ ଶାଢ଼ୀ
କୁଞ୍ଚ ହୁଏ, ଖାଞ୍ଚ ହୁଏ ପ୍ରତି ସୂତ୍ରେ ଫୁଟାଏ ସଦ୍‌ଭାବ;
କେତେ ଉଛରରେ ଜଣା ଭାବନାକୁ ବାକିଥିବା ସବୁ ଅନୁଭବ;
ନକ୍ଷତ୍ର ପଟଳେ ଦେଖି କାବ୍ୟକଳା କେଉଁ ଲୋଭ ମାଗିଲା ବୈଭବ ?

ପ୍ରଶ୍ନ ଥାଏ ନାହିଁ ଜମା ସହଜାତ ଦୁଃଖଙ୍କୁ ସେ କାଳେ
ଢେର୍ ବାଧ ହୁଏ ସତ୍ତା ଚାତୁର୍ଯ୍ୟରେ 'କିମ୍ବା' ବାଛିବାରେ,

ଢେର୍ ଦ୍ରୁତ ହୁଏ ସବୁ ବ୍ୟବଧାନ ଅଭିନେତା, ଅଭିନେତ୍ରୀ ମେଳେ
କିଏ ଚାହେଁ ନାହିଁ କହ ନାୟକଟା ତାଳିମାଡ଼େ ଲୁଚିବ ପର୍ଦ୍ଦାରେ।

ସଂଚାର ମୃତ୍ୟୁର ହୁଏ ମହ ମହ ସେ ପବନ ଫେରିଯିବା ବେଳେ,
ବେଶ ଓ ପୋଷାକ ଥରେ ଭଙ୍ଗାଯାଏ ଫିଙ୍ଗାହୁଏ ଟିକେ ନିଃଶବ୍ଦରେ;
ସେ କ'ଣ ସ୍ଥିତିକୁ ହୁଡ଼େ? ତ୍ରୁଟି ଥରେ ଜ୍ଞାନ ହେବା ଆଗୁଁ
ତୋଟି ଚିପି ରକ୍ତ ପିଏ ଡାହାଣୀଟେ ମହୁଲ ବଣରେ।

ଶ୍ମଶାନରୁ ବାସ୍ନା ଆସେ ସେ ଗାଆଁକୁ ଠାକୁରାଣୀ ଜଗିଥିବା ସତ୍ତ୍ୱେ
ମାଟିଘୋଡ଼ା, ତ୍ରିଶୂଳ ଓ ଖଡ୍‌ଗ ଧରି ସିଂହମୁଣ୍ଡ ପଥର ଦାଢ଼ରେ,
ସେ ଲୋକଟା ଅଭ୍ୟାସ କାହିଁକି କିଣେ ସତମିଛ ତଉଲିବା ପାଇଁ
ନିର୍ଘାତ ପଣ୍ଡିତ ପରି ଧଇଁସଇଁ ଅଣନିଃଶ୍ୱାସରେ?

ଜହ୍ନ ବୁଡୁଥିଲେ କାଳେ ସବୁ ଶଙ୍କା ଦି'ଜଣଙ୍କୁ ଥରେ କାବୁ କରେ,
ଆଉ କ'ଣ ବାକି ନାହିଁ ପୃଥିବୀରେ? ଅବଶିଷ୍ଟ ଶ୍ରଦ୍ଧାର ଆୟୁଷ
ମାଳି ଜଣେ ଡାକିନେଇ ଠିଆ କଲେ ତୁମ ଓଳିତଳେ,
ସେମିତି ଫୁଲ ବି ଅଛି ନିର୍ବାସିତ କରେ ଯାହା ମେଧାକୁ ସାହସ।

■

ସମୁଦ୍ରର ସ୍ୱରଲିପି

ଖୁବ୍ ସୁ' ସୁ' ସ୍ୱରଭରା ସେ ସମୁଦ୍ର
କ'ଣ ଗାଏ ତୁମ ନାଆଁରେ ?
ପଦେ ପୁରାତନ କବିତାରେ
ସମ୍ବୋଧିତ ପ୍ରେମିକର ହୃଦୟ
ନିର୍ବାସିତ କରେ ତୁମର ତୃଷ୍ଣା ।

■

ଲାଲ୍ ଟାରା

ସେଇ ଅନ୍ଧାରରେ ଅଜସ୍ର ବର୍ଷାଧାର
ବିଜୁଳିରେ ଚିହ୍ନା ପକାନ୍ତି ନିଜକୁ,
ସେଇ ଅନ୍ଧାରରେ ଅଜସ୍ର ବର୍ଷାଧାର
ନିଜକୁ ଚିହ୍ନିବାର ନକ୍ସାସବୁ ଧୋଇ ନିଅନ୍ତି।

ପରସ୍ପର ଅପେକ୍ଷାର ସେଇ ନିରନ୍ଧ୍ର ରାତ୍ରିରୁ
କବି ଟାଣି ଆଣେ ମାଟି ପାଇଁ ଆଲୋକର ଟାରା।

■

ପାଇକ ଆଖଡ଼ା

ବଡ଼ଦାଣ୍ଡରେ ନିଶାର୍ଦ୍ଧର ଆଲୁଅ।
ଦୁଇ ହାତରେ ତଲ୍‌ୱାର୍ ଟେକି
ନାଚିବେ, କୁଦିବେ ଓ ଲମ୍ଫ ଦେବେ
ଦୁଇଟି ପାଇକ ଟୋକା;
ତୁମେ କାହିଁକି ମିଛ ମଣିବ
ସେଇ ଆଖିର ବୃତ୍ତକୁ!
ଘନ ଘନ ବୀରବାଦ୍ୟରେ
ଦୁଇଟି ସଂଘର୍ଷରତ ବୃତ୍ତାର୍ଦ୍ଧ,
ପୃଥିବୀ ଟିକେ ଘୁଞ୍ଚିଯିବ ସମୁଦ୍ର ସାଙ୍ଗେ।

■

କିଛି ନିସ୍ତରଙ୍ଗ ଥାଏ

କିଛି ନିସ୍ତରଙ୍ଗ ଥାଏ ସେ ଆକାଶେ
ଦିଗ୍‌ବଳୟେ ଛୋଟ ଏକ ପକ୍ଷୀ
ଉଡ଼ିଯିବା ବେଳେ କେଉଁ ଚେତନାର ସ୍ୱର
ଶବ୍ଦ ହୁଏ ଓ ଜୀବନ ହଠାତ୍ ଉଦାର
କିଛି ନିସ୍ତରଙ୍ଗ ଇଚ୍ଛା କବ୍‌ଜା କରେ ଗତି ସମୟର ।

■

ତୁମେ ଫେରି ଯାଇଥିବା ବାଟରେ

ତୁମେ ଫେରି ଯାଇଥିବା ବାଟରେ
ଅନେକ ସଂକେତ ଥାଏ
ଲାଲ୍ ଆଲୋକ ବିନ୍ଦୁର,
ଅନ୍ଧାର ସେପାରିକୁ ଥିବା ଅପୂର୍ଣ୍ଣ ପରିଧି
ପୁନରାଗମନର ସୂଚନା ଜାଣିଥାଏ ମାତ୍ର।

ତୁମେ ଫେରି ଯାଇଥିବା ଦିଗନ୍ତରୁ
ଶସ୍ୟକିଆରୀସବୁ
ସମାନ ଦିଶେ ନାହିଁ ଆଉ ଦିନେ,
ସେଇ ଛାୟାମୂର୍ତ୍ତିଟି କାହିଁକି
ନଖାଗ୍ରରେ, ଗୋଇଠି ପଛରେ
ଆଲୁଅ ରଖିଥାଏ ଫେରିଯିବାବେଳେ।

■

ମୁଖସ୍ଥ ସଂଳାପ

ତୁମେ ମୁଖସ୍ଥ କରିଥିବା ଅନେକ ସଂଳାପ
ପକ୍ଷୀକଣ୍ଠକୁ ଫେରିଆସେ ବଗିଚାରେ,
ଆଉ ଭଲ ପାଇବା ନିବିଡ଼ ହେଲେ
ହାତପାଆନ୍ତା ଡାଳରୁ ଚମ୍ପାକଢ଼ଟିଏ ତୋଳିନିଏ,
ଅର୍ଥ ନ ଥିବା ଅନେକ ଦୁଃଖ ଧାଡ଼ିବାନ୍ଧି ବସିଥାନ୍ତି ବାଡ଼କଡ଼େ,
ସେମାନେ ଉଁଚୁଁ ହୁଅନ୍ତି ନାହିଁ ତୁମେ ବୁଲୁଥିବା ଯାଏଁ।

■

ଭାରସାମ୍ୟ

ବଡ଼ କଷ୍ଟରେ
ସେ ଦୁଃଖରେ ଦିନ ଧୋଇଯାଏ
ନୀଳ ପାହାଡ଼ ଉପରେ,
ଟିକି ଛୁଆଟା
ହାତ ଠାରି ଚିହ୍ନାଇ ଦିଏ
ରଙ୍ଗସୁଅ ମିଶିଥିବା ଇନ୍ଦ୍ରଧନୁ;
ବଡ଼ କଷ୍ଟରେ
ମେଘମାଳା ନାଚି ନାଚି
ନିଶ୍ଚିହ୍ନ ହୁଅନ୍ତି,
ତୁମ ନୀଳ ଡୋଳାରେ
ବିଜୁଳି ଲଟାରୁ
କଢ଼ ଦୁଇଟି ଥୋଇ;
ତୁମର କି ମାଗୁଣି
ହୃଦୟରୁ ହୃଦୟ ପାଇଁ,
ସବୁ ହାର୍ ମାନେ
ଜହ୍ନ ଉଠୁଥିବାବେଳେ
ଦରିଆ ଢେଉରେ।

■

ନଚେତ୍

ନଚେତ୍ ଆଉ ଗ୍ରହଟିଏ ବୃତ୍ତ ଲେଖିବ;
ତୁମେ ଚିଠି ଲେଖିବ ଜହ୍ନରୁ,
ଚଞ୍ଚୁରେ ନେଇ ଉତ୍ତର ଥୋଇଦେବେ ପାରାମାନେ।

ସେ ତୁମକୁ ଆଗପଛ ଅନାଇ
ବସିଯିବନା କ'ଣ ଟେଲିଗ୍ରାଫ୍ ଖମ୍ବ ପାଖରେ !

ତୁମେ ଭାବନାରେ ରହ, ବ୍ୟସ୍ତ ବା ବିଚାର ରହ
ଆଜିର ଲକ୍ଷ୍ୟସବୁ ସୋଲ ଶର ଫିଙ୍ଗିବ କାଲି ପାଇଁ;
ପାହାଡ଼ କଡ଼ରେ ଦୌଡୁଥିବା ଘୋଡ଼ାମାନେ କ୍ଳାନ୍ତ ହେବେ ନାହିଁ।

■

ଆଉ ଲୁହଧାର

ଆଉ ଲୁହଧାର ବନ୍ୟା ଆଣେ,
ସମୁଦ୍ରକୂଳ ଖାଏ,
ବିପନ୍ନ କରେ ଗାଆଁ ଓ ସହର।

ବାକିଥିବା କ୍ରୋଧ ନା ବାଧା,
ବିପ୍ଳାତ ନା ଅଭିଶାପ
ସହସ୍ରାବ୍ଦୀ ପରେ ଚିହ୍ନେ
କେଉଁ ସର୍ବଂସହାକୁ।

■

ମୁଁ ଯେଉଁ ନଦୀକୁ ଲୁଚାଇ ରଖିଛି

ମୁଁ ଯେଉଁ ନଦୀକୁ ଲୁଚାଇ ରଖିଛି
ସେ କାଳେ ଚିହ୍ନିପାରେ
ଶୈଶବ, କୈଶୋର, ଯୌବନ ଓ ବାର୍ଦ୍ଧକ୍ୟ;
ସ୍ତବକରେ ରଙ୍ଗର ଭିନ୍ନତା ଦେଖି
ଖରା ନାରାଜ ହୁଏ ଘୁଞ୍ଚିବାକୁ;
ତୁମେ କେତେଥର ପଢ଼ିଛ
ନିବୃତ୍ତି ପାଇଁ ସେ ମନର ଜିଦ୍‌ଖୋରପଣ;
ଓ ସେ ଜନ୍ମ ନେବାରୁ ନିବର୍ତ୍ତିତ କାହାଣୀମାନ।

ସେ ଗଛଟି କ'ଣ ଜ୍ଞାନୀ ?

ସେଇ ଗଛଟି କ'ଣ ଜ୍ଞାନୀ ?

କେଉଁ ଋଷିଙ୍କର ମହାନ ସ୍ମୃତି
ଝରାପତ୍ରରେ
ଶେଷ ଚନ୍ଦନବାସ୍ନା ରଖିଥାଏ ?

କିଏ ଦିନରାତି
ହାତ ବଢ଼ାଏ ପାଣି ଛିଟିକା ଫିଙ୍ଗିବାକୁ
ଆକାଶ ଆଡ଼େ ?
ଲାଇବ୍ରେରିରେ
ତାଳପତ୍ର ପୋଥି ଖୋଲୁ ଖୋଲୁ
ଧୂଳିହାତ ହୋଇଥିବା ଝିଅଟି
ଚଷମା ଫାଙ୍କରେ ଥରେ ଦେଖିଲେ
ଶଙ୍କିଯାଏ ଧୂ ଧୂ ଦ୍ୱିପହରକୁ ।

ସେଇ ଗଛଟି କ'ଣ ଜ୍ଞାନୀ ?

ଏ ଅପେକ୍ଷା ହଠାତ୍ ଦେଖାରେ

ପଦେ ଗୀତ ହିନ୍ଦିରୁ ନା ଧ୍ରୁପଦୀରୁ
ଆଜିକାଲି କିଏ ଭାବିପାରେ ?
ବର୍ଷା ଛାଟି ହେଲେ ତୁମ କବରୀରେ
ଟେଲିଗ୍ରାଫ୍ ତା'ର କଡ଼େ କଡ଼େ,
ତୁମେ ଅଛ ନିରାଶ୍ରୟ-
ଧୀରେ ରହ ବାନ୍ଧବୀ ମେଳରେ;
ବର୍ଷାକାଳେ ସମାନ ବୃତ୍ତରେ ଝରେ
ନଖରେ ଓ ଶିଳାରେ, ଗାଲରେ।

ପଦେ ଗୀତ ଅର୍ଥ କହୁ କହୁ ଦିନେ
କି ଚଞ୍ଚଳ ତୁମେ ହଜିଗଲ,
ବର୍ଷା ଥାଏ ନର୍କରେ ଓ ଅନାଘ୍ରାତ ଫୁଲକଢ଼ ଆଡ଼େ;
କେଉଁ କବି ଅଟକିଲେ
ପାଣିବିନ୍ଦୁ ମଣିବନ୍ଧେ ଚୂନା ହେବାବେଳେ।

ପଦେ ଗୀତ ଘଞ୍ଚ ଅରଣ୍ୟକୁ ନିଏ ବଳାକାକୁ,
ସୂର୍ଯ୍ୟ ଲୁଚିଥାଏ ଭିଡ଼ ଭାଙ୍ଗିଯିବାବେଳେ;
ଶେଷ ଲୁହ ଟୋପା ଝଳେ ତୁମ ବେକତଳେ,
ତୁମେ ଜମା କାନ୍ଦି ନାହଁ ଏ ଅପେକ୍ଷା ହଠାତ୍ ଦେଖାରେ।

■

ମୁଣ୍ଡରେ ଗୋଡ଼ ଥୋଇଥିବା ଲୋକ

ଆଜିର ବୋଝ ଉଠାଉଥିବା ଲୋକଟି
ଦିଗ ଦିଗ ଦେଖୁଥାଏ–
ନଈଟା କେଡ଼େ ବେଗି କୂଳ ଖାଏ,
ସମୁଦ୍ର ବାଟ ଛାଡ଼ିଦିଏ
ଚକ୍ରାବର୍ତ୍ତ, ଜଳହସ୍ତୀ ଓ କଳାକଳା ସାପଙ୍କୁ;
ବିଷ ଧରାପଡ଼େ ମଦରୁ, ତେଲରୁ ମେଘରୁ ଓ ଶସ୍ୟରୁ।

ପୁଅ ବେଶରେ ଝିଅ, ଝିଅ ବେଶରେ ପୁଅ
କପଟପାଶା ଖେଳନ୍ତି ବିଚ୍ ବଜାରରେ ବର୍ଷା ରାତିରେ;
କୃତ୍ରିମ କାରଖାନା ଥାଏ ଆଟୁଘରେ, ଜଙ୍ଗଲର ନିଷିଦ୍ଧ ଗଳିରେ
ଜ୍ଞାତିସୂତ୍ରରେ ଜତୁଗୃହ ଗଢ଼ିହୁଏ ଓ ଛାରଖାର ହୁଏ ହଠାତ୍...
ବିଚରା ଲୋକଟି ନିଜ ମୁଣ୍ଡରେ ଗୋଡ଼ ଥୋଇଥାଏ କେମିତି !

ପ୍ରତିସୂତ୍ର

ଫୁଲ ବାସ୍ନା ଥରେ ଅଧେ ଛାତ ଉପରକୁ ଆସେ
ନିବିଡ଼ ଜହ୍ନରାତିରେ କବି ଏକୁଟିଆ ବସିଥିଲେ,
ସେ ତ' ଜାଣନ୍ତି ମେଘର ଚିତ୍ରକଳ୍ପ, ଶିଶିରକଣାର ପ୍ରତୀକ।

ତଳ ଝରକା ସାମ୍ନାରେ ଥିବା ବଗିଚା ଆଖିରେ ପଡ଼ିଲେ
ଆଉ ଫୁଲକଢ଼ି ହଁ ଭରେ ବିଳମ୍ବିତ ମୁହୂର୍ତ୍ତ ପାଇଁ;
ଦିଗ୍‌ବଳୟକୁ ଚାହିଁଲେ ଲହଡ଼ିର ଗତିଶୀଳ ରେଖା
ବାରି ହୋଇପଡ଼େ ଆଲିଙ୍ଗନ ପାଇଁ।

ଫୁଲବାସ୍ନା ତ ଥରେ ଅଧେ ଛାତ ଉପରକୁ ସିଡ଼ିରେ ଆସେ
କବିଙ୍କୁ ବିରକ୍ତ ନ କରିବା ପାଇଁ ଫର୍ଚ୍ଚା ହେବା ଯାଏଁ।

■

ହୃଦୟ ଅପେକ୍ଷାରେ ଥିବା ବାଟୋଇ

ଯୁକ୍ତି ବାଢ଼ିବ ତର୍କସଭାରେ—
ତସ୍କର ପାଇଁ ଶ୍ରମନିଷ୍ଠା,
ଦାର୍ଶନିକ ପାଇଁ ବରଫର ମେଘଗୁହା,
ଶ୍ରମିକ ପାଇଁ ବୋହୂଚୋରି,
ସନ୍ନ୍ୟାସୀ ପାଇଁ ଗାରୁଡ଼ିବିଦ୍ୟା,
ପାପୀ ପାଇଁ ତାଳପତ୍ର ସଂହିତା।

ବାଟୋଇ ଜଣକ
କେତେ ଅପେକ୍ଷା କରିବ ହୃଦୟକୁ!

ଧୃତି ରୂପେଣ...

ଆତସବାଜି ମେଘମଣ୍ଡଳ ଛୁଇଁବା ବେଳକୁ
ସର୍ଟ ସର୍କିଟ୍ ହେବ ମୃଣ୍ମୟୀ ପ୍ରତିମା ମଣ୍ଡପରେ,
ଭୁପେନ୍ ବୋଷ ଏଭିନ୍ୟୁରେ
ହାତଯୋଡ଼ି ଆଖିରୁ ଦୁଇଧାର ଝରାଉଥିବା
ବାଳିକା ବଧୂ ଚମକି ପଡ଼ିବ ବର୍ଷା ଛାଟରେ।
କେଉଁଦିନୁ କଦମ୍ବରେଣୁର ସେଇ ଝଡ଼
ଖିନ୍‌ଭିନ୍ କରେ ପ୍ରଥମ ଭଲପାଇବାର ଅମାପ ଧୈର୍ଯ୍ୟକୁ !

ଲତା, ରଫି, ହେମନ୍ତ ବା ସନ୍ଧ୍ୟା ତ
କେବେ ଚିତ୍କାର କରନ୍ତି ନାହିଁ ସେମାନଙ୍କ ପାଇଁ;
ଦେବି, ତୁମକୁ ଆଉଥରେ ବିସର୍ଜନ ଦେବି ଗଙ୍ଗାରେ,
ତୁମେ ଶିଳାପଦ୍ମ ନ ହେବା ଯାଏଁ ବିଜୁଳିର ହଠାତ୍ ସଂକେତରେ।
ମାଇକ୍ ଖୋଲିନେଲେ ମନେଥିବ ଲୁପ୍ତ ସଭ୍ୟତାର ସ୍ମୃତି,
ମନେଥିବ ସମୁଦ୍ର ଅନ୍ଧାରରେ କେଉଁ ଋଷିର ଅଙ୍ଗୀକାର।

ବିପାସନା

ମୁଁ ଯେତେବେଳେ ସେମାନଙ୍କୁ ଚିହ୍ନେ
ସେଇ ଗତି, ପ୍ରକୃତି ଓ ପରିବ୍ୟାପ୍ତିମାନଙ୍କୁ,
ସେମାନେ ଯେତେବେଳେ ଚିହ୍ନଟ କରନ୍ତି
ଖପୁରୀ ତଳକୁ ଦପଦପ୍ ନୀଳ ତାରାସବୁକୁ
କିଏ କାହାକୁ ଟାଣିନିଏ ଗୋଟିଏ ବିନ୍ଦୁକୁ?

ସାକ୍ଷୀ

ଯେଉଁ ଯାତ୍ରା ବାଧାପାଏ ପୃଥିବୀରେ
ସେ ଇଚ୍ଛାରେ ସାକ୍ଷୀ ଜଣେ କବି,
ପଥ ଜାଣେ ଦିଗ ଜାଣେ
କେମିତିକା ଟଣାଯାଏ ଆଗକୁ ଦଉଡ଼ି;
କତିରେ ଖେତ ଓ ସ୍ମୃତି ଲମ୍ବିଥାଏ;
ଧାଡ଼ି ଧାଡ଼ି ଶଗଡ଼ ଶଗଡ଼ି
ଆକାଶକୁ ଉଠିଯାଏ ପ୍ରଷ୍ଟେ ଲାଲ୍ ଧୂଳି;
କେଉଁ କବି ଛିଣ୍ଡାଏନି ପ୍ରେମିକର ହାତରୁ ଶିକୁଳି ?

ବାଧା ପାଏ ଯେଉଁ ପ୍ରେମ
ସ୍ୱର ଯୋଖେ ତନ୍ତ୍ରୀରେ କାହାର ?
କିଏ ନିବର୍ତ୍ତିତ କରେ
ଅଗ୍ରଗତି ତୁମ ଭାବନାର ?
ତୁମେ କେତେ ଦ୍ରୁତ ହୁଅ
ଜାଣିବାରୁ ଘୁଞ୍ଚେ ଦୁଃଖ ସିଡ଼ି,
କା' ଆଗେ କହିବ ନାହିଁ କେଉଁ ଚେଷ୍ଟା ପାର ନାହିଁ ଭୁଲି ।

■

ନିଜ ଶୂନ୍ୟତା

କେତେ ଶୂନ୍ୟ ହୁଏ ସ୍ରୋତ
ଢେର୍ ଜଗି ରହିଥାଏ ପକ୍ଷୀ
ଟିକି ନଦୀ
ଗ୍ରୀଷ୍ମଋତୁ ବାଲିଶେଯ ପାରେ ନାହିଁ ଭେଦି।

ଥରେ ଶୂନ୍ୟ ହୁଏ ସ୍ରୋତ
ମନେଥାଏ ଶୋକ ଓ ସଙ୍ଗୀତ,
ତୁମେ କ'ଣ ସୌନ୍ଦର୍ଯ୍ୟ ଲିଭିବା ବେଳେ
ଏକାକାର କଲ ତୃଷ୍ଣା, ସମୁଦ୍ର ଓ କ୍ଷତ;
କେତେ ଦେବା ପରେ ଆତ୍ମା
ନିଜ ପାଇଁ ହୁଏ ଅପହୃତ।

■

ହୃଦୟ ମଝିରେ ସୂର୍ଯ୍ୟ

ତୁମକୁ ଧାରଣ କରେ ପତ୍ର ଫୁଲ ଫଳ ଓ ହୃଦୟ,
ସମୁଦ୍ର ଅନ୍ଧାରେ ତୁମେ ରକ୍ତରାଗ,
ଦିଗ୍‌ବଳୟେ ଊଷାର ନୂପୁର;
ପକ୍ଷୀଙ୍କୁ ନଚାଏ ପତ୍ର ଗହଳିରେ,
ମାତୃଗର୍ଭେ ଭ୍ରୂଣର ପ୍ରାର୍ଥନା;
କେତେ ଆତଜାତ ହୁଅ ମୁହୂର୍ତ୍ତରେ,
କାଳଚକ୍ର ଛନ୍ଦ
ଚେତନାରେ ଗଢ଼ି ଦିଅ ଯୁଝିବାକୁ ମୃତ୍ୟୁ ଓ ସନ୍ଦେହ;
ସଂହତି ସୃଷ୍ଟିର ଚିତ୍ର
ଶାଳବଣ୍ଟୁ ଚମ୍ପାନଈ ବାଟେ
ପାଚିଲା ଗାମୁଛା ମୁଣ୍ଡ ଥଣ୍ଡା ରଖେ ବୁଢ଼ା ଖରାବେଳେ,
ଖାଁ' ଖାଁ' ଲାଗେ ସିନା ଖଜୁରୀ ଓ ବଙ୍କା ତାଳଗଛ
ଛୁଆଙ୍କୁ ବସାରେ ଛାଡ଼ି ନିରୂପାୟ ହଳଦୀବସନ୍ତ।

କ୍ଷୁଣ୍ଣ ହୁଏ ନାହିଁ ତେଜ
ପୂର୍ଣ୍ଣ ହୁଏ ନାହିଁ କାଳଗତି,
ଭିନ୍ନ ହୁଏ ନାହିଁ କେବେ
ଏ ମାଟିରେ ଅନୁଭବ ଜୀବ ଜୀବନର;
ସଗୁଣ ମରୁତ୍ ସାଥେ ମେଘମାଳ
ଅନ୍ତରୀକ୍ଷ ତୁମ କମଣ୍ଡଳ;
ଭୁଲ୍ ବୁଝି ବସିଲା କି ମୋତେ !
ତୁମେ ପ୍ରଭୁ ଆମେ ହିଁ କିଂକର।

ମାଛ ଶୁଖେ ନଈରେ ଓ
ପଲ୍ଲବିତ ହେବାବେଳେ ଲାଲ୍ ଓସ୍ତପତ୍ର,
ଛୁଆଙ୍କ ଆବେଗସବୁ ହତଭମ୍ବ ହୋଇଯାଏ
ଦେଖି କେଉଁ ବିକଟାଳ ରୂପ;
ଲାଲ୍‌ଧୂଳି, ଧୂଆଁଗାର,
ବିଡ଼ିପତ୍ର, ନିର୍ମୋକ ସାପର
ଶଙ୍କା ଆଣେ, ଦକା ଆଣେ
କି ନିଷ୍ଠୁର ଯନ୍ତ୍ରଣା ତୁମର !

ଆବର୍ତ୍ତନ ଝଡ଼ ଖୋଜେ
କରକା ଓ କାଳାତୀତ ସ୍ମୃତି,
ସେମିତି ଅଜଣା ନକ୍ସା
ଫର୍ଦ୍ଦେ ଅଛି ଛାତି ପକେଟ୍‌ରେ;
ଦି' ଆଣ୍ଠୁରେ ହାତଦେଇ
ବୁଢ଼ାଲୋକ ବସିଗଲେ ଦାଣ୍ଡ ମଝିଟାରେ,
ଝିଂକାରୀ ଚମକି ଡାକେ
ଦହିଭାତ କଦଳୀପତ୍ରରେ;
ଆମ୍ବପତ୍ର ଶୁଖିଲାଣି ମାଠିଆରେ
ତୁଳସୀ ଉପରେ,
ପୂଜା ହେଲେ ଦ୍ୱାହି ଦେଇ କହେ କେହି
ତୁମେ କି ଲାଞ୍ଜୁଆ;
ପାଣିରୁ ଫେରାଅ ପାଣି
ଭୁଲିଯାଇ କିଆଁ ହେଲ ନିଆଁ ?

ତୁମକୁ ଧାରଣ କରେ
ପତ୍ର, ଫୁଲ, ଫଳ ଓ ହୃଦୟ;
ବାଟ ଦେଖି ନାହଁ, ପ୍ରଭୁ !
ମାତୃଗର୍ଭୁ ଶ୍ୱାସରେ ଛିଟିକା
ଉଦୟରାଗରୁ ପଡ଼େ,

ଲାଳଭରା ଓଠ ପାଖୁଡ଼ାରେ;
କହନ୍ତି ମାଇପିପଲେ
ଶଙ୍ଖ ଫୁଙ୍କି ରାତ୍ରି ପଭ୍ରାତିଲେ,
ତୁମେ କି ଜଟିଳ ସୁଖ ସତ୍ତାରେ ଓ
ସତ୍ତା ଆରପାରେ;
ସେ ପଦ୍ମର ନାଡ଼ କାହିଁ,
ପାଦଚିହ୍ନ ଗୋଖର ଫଣାରେ,
ଝୁଲେ ଆଉ ଗୁନ୍ଥି ହୁଏ
କେତେ ଆତ୍ମା ତୁମ ପ୍ରତ୍ୟୟରେ !

ଯେତେ ଭୟଙ୍କର ହେଉ ଏ ଜୀବନ
ଶୁଭ ମନାସିବା ତୁମ କାମ,
ଘୂର୍ଣ୍ଣନରେ ଛାୟାରାତ୍ରି
ସଂକେତରୁ ସ୍ପଷ୍ଟ କରେ ଅସୁମାର ସୌନ୍ଦର୍ଯ୍ୟ
ସ୍ମୃତିର,
ଚକ୍ରବୁଲେ ଆଲୁଅରେ, ଅନ୍ଧାରରେ,
ଆତ୍ମାର ସନ୍ଧିରେ;
ହୃଦୟ ମଝିରେ ସୂର୍ଯ୍ୟ
ଝରିବିକି କୋପ କଲେ
ଝିର୍‌ଝିର୍ ପାଉଁଶ ମୁଠାରେ ?
ସ୍ୱପ୍ନ ଦେଖେ ଛାୟା ଆଉ
ବ୍ରତ ବାନ୍ଧେ ସଂଜ୍ଞା ତୁମ ନାରୀ,
ସେ ଶ୍ୱାସର ନାଭିପଦ୍ମ ତୁମେ ଜାଣ
ଆଉ ତୁମ ଅନୁକମ୍ପା ମାଗେ
ଉତ୍ତର ସାଧିକା ଜଣେ
ନକ୍ଷତ୍ରରୁ ଯୌବନର ମୌନତା ମୋ ପାଇଁ;
ଆଉ ବିଶ୍ୱାସରେ ମାୟା
ପ୍ରେମ ଡାକେ ଅଙ୍କପଲଙ୍କରେ ।
ମେଘ ଆଣ,

ବିଦ୍ୟୁତ୍ ଓ ବର୍ଷାଧାରେ ନଇ ଛାତିଟାରେ,
ଢେର୍ ତୃଷ୍ଣା ମଣିଷର
ଯୋଡ଼ିହେଲେ ତୁମ ରଥେ ଅଛି ଅଶ୍ୱଟିଏ;
ଢେର୍ କ୍ଷୁଧା ମଣିଷର ଯୋଡ଼ିହେଲେ ତୁମେ ବିବସ୍ୱାନ,
ଢେର୍ ଆତ୍ମା ଏକ ହେଲେ ତୁମ ହାତୁ ତେଜ ପାଏ ତୃଣ।

ପଥ କାଳେ ଅନ୍ତରୀକ୍ଷ ତଳେ ଭିନ୍ନ,
ପ୍ରେମ କାଳେ ତୁମର ସମ୍ବଳ;
ହସ୍ତିନାରୁ ଚମ୍ପାନଈ ଆବର୍ତ୍ତ ଓ
ଥରେ ଥରେ ଏ ମାଟିରେ ଅଣିମା ସୁନ୍ଦର;
କିଏ ଲୋଡ଼ି ନାହିଁ କହ ଅନୁକମ୍ପା
ଦିଗ୍‌ବଳୟେ କଳା କଳା ମେଘ,
ଆମର ଅପେକ୍ଷା ଘୂରେ ଅନ୍ୟଦିଗୁ
ବୁଝିଲେ ସଂକେତ;
ମରଣ ଛାଇରେ ପ୍ରାଣ
ଲୋଡ଼ି ପାଏ ଚଲୁଏ ଅମୃତ।

■

ଏକୁଟିଆ ବାଟୋଇ ଡାକିଲେ

ଥରେ ଚିହ୍ନାପଡ଼େ ମୁହଁ,
ଥରେ ଚିହ୍ନ ରଖେ ଦୁଇପାଦ,
ନୀଳ ପାହାଡ଼ରେ ଆତ୍ମା
ବୁଝେ ନାହିଁ ମୃତ୍ୟୁର ପ୍ରମାଦ,
ନିଶ୍ଚିତ ନିର୍ଣ୍ଣୟ ତୁମ
କାଳାତୀତ ସତ୍ତାରୂପ ନିଏ
କାଳର ଆବର୍ତ୍ତ ପାଇଁ
ସ୍ମୃତି ଗର୍ଭେ, ଜ୍ଞାନର ବଳୟେ;
ପବ ମାରୁଥାଏ ଶସ୍ୟ
ସ୍ନାୟୁକୋଷ, ଶ୍ୱାସ, ମାଂସପେଶୀ
ଚକ୍ରାକାର ଦୁଇ ଆଖି
ଯେତେ ଦେଖେ ଆତ୍ମାଲୋଡ଼େ ସାକ୍ଷୀ
ସୂର୍ଯ୍ୟରୁ ଅଳପ ଦ୍ୟୁତି
ପବନରୁ ପ୍ରତ୍ୟୟ ସ୍ୱଙ୍କାର
ଅନ୍ତରୀକ୍ଷୁ ଅବିଭକ୍ତ
ଆନନ୍ଦର ସମୁଦ୍ର ଜୁଆର
କେଉଁଠୁ ଠୁଳାଇ ଥିଲ
ଜୀବନର କ୍ରମିକ ଦ୍ୟୋତନା
ପ୍ରେମ କାଳେ ଡାକିଆଣେ
ବଞ୍ଚିବାର ଆଉ ସମ୍ଭାବନା।

ପାହାଚ ଯାଇଛି ମିଶି ନୀଳମେଘେ
ନୀଳ ଶୂନ୍ୟତାକୁ ପାହାଚ ଲମ୍ବିଛି କାଳେ
ମାଟି ଗର୍ଭେ ଗୋପନ ମନ୍ଦିରେ
ବାଲିରେ ରହିଛି ପୋତି
ଅନ୍ୱେଷାରୁ ଅପେକ୍ଷା କାହାର,
ଆଉ ଦିଗ ଖୋଜିପାଏ
ସଂଜ୍ଞାୟିତ କର ଯେଉଁ ମନ
ସେ କାଳେ ଆଉଟା ସୁନା
ଜଳିପୋଡ଼ି ହେଲେ ତେଜିଆନ୍,
ଊର୍ଦ୍ଧ୍ୱରେ ପ୍ରତୀକ ରଖେ
ଦୁଇପାଦ ଥକିପଡ଼େ ନାହିଁ,
ଘୂରୁଥିବା ଯୋଗୁଁ ପୃଥ୍ୱୀ
ଦିନରାତି ରାହା ଥାଏ ଚାହିଁ ।

ତୁମେ ଘୁଞ୍ଚ ନାହିଁ ତେଣୁ ଧରାପଡ଼ ।
ମୁଁ କେଉଁ ସଂକେତ
ନାମର, ରୂପର
ଅବା ସୀମାବଦ୍ଧ ଭଲ ପାଇବାର,
ଶତାବ୍ଦୀ ପାଇଁକି କେଉଁ ବିବାଦ ବା
ବିଘ୍ନ ସନ୍ଦେହର,
ସୀମାନ୍ତେ ଆତଙ୍କ ଆଣେ
ଶିଶୁକଣ୍ଠେ, ନାରୀକଣ୍ଠେ କ୍ଳେଶ;
ଆଉ ବଞ୍ଚନାରେ କ୍ଳେଦ
ଧାର୍ ଅଣା ବିଦ୍ୟା ବିଦ୍ରୂପର,
ମାନଚିତ୍ର ଝାପ୍‌ସା ଦିଶେ ଚଷମାରେ
ଜଙ୍ଗଲରୁ ଆଉ ଦାବାନଳ
କିଏ ସେ ବୁଝିଛି ଯୁକ୍ତି ଥାଏ ଅପ୍ରମାଦ
ବେଳକାଳ ଉଣ୍ଡି କି ସମ୍ପଦ
ଛାତିକୁ କୁଣ୍ଢାଇ ଧରେ,

କ୍ଷୀରଭାଣ୍ଡ ଇଡ଼ିଯିବା
ଆହାକି ବିପଦ!

ଆଉ ଆସ ନାଇଁ ସିନା
ଶେଷ ହୁଏ ନାଇଁ କେବେ ସ୍ମୃତି
ମହାକାବ୍ୟ ମଝିପୃଷ୍ଠା ମାଙ୍ଗଳିକ ସଙ୍ଗୀତ ମୁଖର,
ଆଉ ଲୁହ ଭକ୍ତର ଓ ସ୍ଥିରବୁଦ୍ଧି
ଚାଷୀ, ବଣିକର
ଆଉ ଲୁହ ଆଇନା ଭିତରେ ରଖେ
ଶ୍ୱାସଚିହ୍ନ, ଶ୍ୱାସରେ ଚେତନା
ଥରେ ଧରାଦେଲେ ଆତ୍ମା
ଜାଣେ ନାହିଁ ତିଳେ ପ୍ରବଞ୍ଚନା।

ଛପି ରହ ଆତ୍ମଆଳେ,
ଘଟଣାର ଦ୍ରୁତ ପ୍ରବାହରେ,
ଛପିରହ ନିଶ୍ଚିତ ପ୍ରତୀକ ତୁମ
ଭୁଲିଯିବା ବେଳେ ବେଶୀ ମନ;
କିଏ ଜାଣେ ନାହିଁ ହେଲେ ଆବିର୍ଭାବ
ଆଲୋକରେ ଝଳେ ଶରମୁନ,
ରେଖା ଆଙ୍କିଥାଅ ନୀଳ ବିଦ୍ୟୁତର
ଲଟା ଲଟା ଫୁଲ ଆକାଶରେ;
ରେଖା ଆଙ୍କିଥାଅ କାଳ ପାପୁଲିରେ
ନିଜ ରକ୍ତଧାରେ,
ଆଗକୁ ଚିହ୍ନାଅ ରାହା ବାଟୋଇ ଡାକିଲେ।

■

ଦୁଃଖ ଥିଲେ ଢେଉ ତଳେ...

ସମୁଦ୍ର କୂଳକୁ ଆସେ ଖରାବେଳେ କେତେ ଦୁଃଖ ଜ୍ୱଳନ୍ତ ସୂର୍ଯ୍ୟର,
କେତେ ପ୍ରଶ୍ନ ରହିଥାଏ ଝାଉଁ ଆଡ଼େ, ମାଳ ମାଳ ଢେଉ ତଳେ କ୍ଲେଦ;
ଉତ୍ତାପ ପାରେନି ବୁଝି ବାଲି, ମାଟି, ପତ୍ରର ସମ୍ବନ୍ଧ;
ତୁମେ କାଳେ କହୁଥିଲ ସବୁଦିନେ ମାତ୍ରା ମାନି ମନୋଜ୍ଞ ଆବେଗ,
ଡାହିରେ ପଞ୍ଝାଏ ମାଛ ଚବ୍ ଚବ୍ ହେଉଥିବା ପ୍ରାଣ;
ନୀଳ ଛାଇ ଦେଖିବାରୁ ଧୀବରଟେ କାହାପାଇଁ ରହିଥାଏ ମୌନ ?

ସେଦିନ ସମୁଦ୍ର କୂଳେ ପ୍ରଜାପତି ବାଲିକୁଢ଼େ ଲୋଟିଗଲେ ଢେଉ
ପିଲାଙ୍କୁ ନଚାଉ ଥାଏ ନାନାରଙ୍ଗ ରିବନ୍ ଫୁଲରେ;
ସେଦିନ ଦୌଡ଼ିବାବେଳେ ଡଙ୍ଗା ଭିଡ଼ି ବେପରୁଆ ନୋଳିଆ ଟୋକାଟେ
ଅକାତ ପାଣିକୁ ଛୁଟେ, ଟିକେ ସ୍ପର୍ଦ୍ଧା ରହିଥାଏ ତୁମ ଋଜୁତାରେ;
ଭାଗ ଭାଗ କରେ ଦିଗ, ଜାଲଠାରୁ ପକ୍ଷୀର ଦୂରତ୍ୱ,
କ୍ରମେ କ୍ଷୀଣ ହୁଏ ଦୁଃଖ କିଏ ଥରେ ଡେଣା ଝାଡ଼ିହେଲେ ।

ଛାତି ତଳୁ ଚିଠି ଟାଣେ ଅକାରଣେ ଫେରାର୍ ପବନ,
ଅକ୍ଷରରେ କ'ଣ ଥିଲା, ଚିତ୍ରରେ ବା ଦେଖିଥିବା ଗମ୍ବୁଜ ଚୂଡ଼ାରେ;
ଗୋଲ ଗୋଲ ମୁଣ୍ଡୁଳାରେ, ନୀଳ ତୁମ ଆଖି ଆୟତରେ
ଯେତେ ସଜାଡ଼ିଲେ ପେଣ୍ଟୁ ପୃଥିବୀଟେ ସୂର୍ଯ୍ୟ କଡ଼େ ବୁଲେ;
କାହିଁକି ଚିହ୍ନିଲ ନାହିଁ ବାଦୀପାଲା ମଣ୍ଡପରୁ ବଗୁଲିଆ ପିଲା
ସୁନ୍ଦରୀ କହିବା ପାଇଁ ଢେଉ ଆଡ଼େ ଦେଖୁଥିଲେ ଜାଲଟଣା ବେଳେ ।

ସମୁଦ୍ର କୂଳକୁ ଆସେ ନଷ୍ଟ ଭ୍ରୁଣ ମାଛ, କଇଁଛର;
ନୋଳିଆ ବସ୍ତିରୁ ଭଙ୍ଗା ବୋତଲ ଓ ନଷ୍ଟ ପିଚକାରୀ,
ମୁଠେ ଜୀର୍ଣ୍ଣ ତାଳପତ୍ର, ସାରଅଖା, ଅସରପା ପର,
ସିଲ୍‌କ ଥଳିଆରେ ଲେଖା ପ୍ରେମ ଗୀତ ଧାଡ଼ି;
ଯୌବନରେ ଜିଦ୍ କରେ ଦୌଡ଼ି ଦୌଡ଼ି ପ୍ରଥମ ଦମ୍ପତି
ସୂର୍ଯ୍ୟଙ୍କୁ ଆଞ୍ଜୁଳା ଦେଲେ ଶ୍ଳୋକଛନ୍ଦେ ବାନ୍ଧି ନିଜ ଗତି ।

ସମୁଦ୍ର କୂଳକୁ ଆସ ଖରାବେଳେ ଝାଳମାଛି ବେକ ଦୁଇକରେ
ଚିତ୍ର ଆଙ୍କେ ଯୌବନରେ ସାବ୍‌ଜା ପତ୍ର ଝରୁଥିବା ଶାଢ଼ୀ,
ଭାରି ହାଲ୍‌କା ଦେହ ଘେରେ କି ସୁନ୍ଦର ନୃତ୍ୟ ପଦାବଳୀ
ତୁମ ହାତ ଆଙ୍ଗୁଠିରେ ସୂର୍ଯ୍ୟ ଛନ୍ଦେ ସୁନା ଚମ୍ପାକଢ଼ି,
କୁଢ଼େ ବାଲି ମୁଠା କରି ଦେଖୁ ଦେଖୁ ଦିଅଁ ପାର ଗଢ଼ି;
ଦୁଃଖ ଥିଲେ ଢେଉ ତଳେ **କିଏ ଜଣେ ଡାକେ ଜାଲ ଘେରି ।**

■

ସୂର୍ଯ୍ୟ ସେପାରିରୁ ବାର୍ତ୍ତା

ସୂର୍ଯ୍ୟ ସେପାରିରୁ ବାର୍ତ୍ତା ତୁମ ପାଇଁ ନୂଆ ଶତାବ୍ଦୀର
ସମସ୍ତ ଘୂର୍ଣ୍ଣନ ସାଥେ ଜନ୍ମ-ମୃତ୍ୟୁ-ଜରା ଆଉ ଯୌବନ-ଶୈଶବ,
ଏଠି ମଣିଷର ଶ୍ୱାସ ପବନରେ, ପବନର ଡେଣା ଆକାଶରେ
ଏଠି ଶୂନ୍ୟତାର ଦୃଶ୍ୟ ସ୍ଥିର ରହେ ଛାତି ତଳେ ଦ୍ୟୁତି,
ପୃଥିବୀ କାହାଠୁ ଦୂର, ନିକଟ ଓ ଆବର୍ତ୍ତିତ ଗତି
ସୃଷ୍ଟି ଓ ପ୍ରଳୟ ଦିନ ସେମାନଙ୍କ ଭାବନାକୁ ଜଣା,
ଗୋଟିଏ ଚକରେ ରଥ ଗଡ଼ି ଯାଉଥିବାବେଳେ ଶୁଣ
ମାଟିରେ ଜୀବନ ପାଇଁ ଏଣେ ତେଣେ ଅନେକ ଯନ୍ତ୍ରଣା ।

ଏଠୁ ଦେହହୀନ ଯାତ୍ରା ପବ ରହେ ଊର୍ଦ୍ଧ୍ୱରୁ ଊର୍ଦ୍ଧ୍ୱକୁ
ଦିଗ ଦିଗ ଲହଡ଼ି ଓ ଖେତ ଆସେ ପବନର ଖୋସା ଫିଟିପଡ଼େ,
ଏଠୁ ସମ୍ପର୍କିତ ଆତ୍ମା ଭୂଗୋଳର ସୀମା ଡେଇଁ ଖୋଜେ
ଆଉ ପିଢ଼ି ମଣିଷର କ୍ଷୁଧା ତୃଷା ପ୍ରେମର ଆଶ୍ରିତ;
ଯାହା ଥିଲା, ଯାହା ହେବ, ଯାହା ହୁଏ ଆଉ ବଦଳିବ;
ଘୂର୍ଣ୍ଣନରେ କେଉଁ ସତ୍ୟ କହ ଆଉ ହେବ ସଂଜ୍ଞାୟିତ !

ବାର୍ତ୍ତା ଆସେ ସେପାରିରୁ, କ୍ଳାନ୍ତ ନୁହେଁ ସୂର୍ଯ୍ୟକାମୀ ——————
ଅନୁକମ୍ପା ବୁଝିବାକୁ ବିଶ୍ୱାତୀତ ମହାଚେତନାର,
ଆଉ ସମ୍ପର୍କରେ କାହିଁ ତୁମ ଭାଗ୍ୟ, ସ୍ମୃତି କି ପ୍ରଖର
ମେଘ ଧାରେ ନୀଳିମା ଓ ଉଡୁଥାନ୍ତି ବିହଙ୍ଗ ଯୁଗଳ,
କିଛି ମିଳନର ସ୍ୱପ୍ନ କ୍ଷୟଶୀଳ ମୃତ୍ୟୁରେ ପ୍ରାଣ ମନ,

କିଛି ସୂତ୍ର ରହସ୍ୟର ଡାକିଆଣେ ଐଶ୍ୱର୍ଯ୍ୟ ଅନ୍ୱେଷା;
ଧ୍ୱଂସ ହେବା ଆଗୁ ସତ୍ତା ଦ୍ରୁତ ହୁଏ ଈର୍ଷା ଓ ହତାଶା ।

ଏଠୁ ଶୁଣ, ସେଠୁ ଶୁଣ ଯନ୍ତ୍ରଣାରେ ଶଙ୍କାକୁଳ ପ୍ରାଣ
ଆଉ ଅଭାବରୁ ଦ୍ୱେଷ କ୍ଷୁଣ୍ଣ କରେ ଅଭ୍ୟାସ ଆତ୍ମାର,
ମିଛ ଆଣ୍ଟ କଳ୍ପନାର ସପ୍ତବର୍ଣ୍ଣୀ ଗଢ଼େନା ତୋରଣ
ସମୁଦ୍ର ଚହଲେ ନାହିଁ ସୂର୍ଯ୍ୟ ଆଡ଼େ, କାତ ପାଏ ନାହିଁ
ସେମାନେ ଫେରନ୍ତି ଯେବେ ବସା ଆଡ଼େ, ଡାଳ ନଏଁ ନାହିଁ ।

ତୁମେ କି ନିର୍ଣ୍ଣୟ କର ଆଉ ଇଚ୍ଛା ଉଭିଦର, ପଶୁର, ମନର;
ଆଉ ପ୍ରଲୋଭିତ କର ଯେଉଁ ମାର୍ଗେ ପ୍ରଜ୍ଞା ତା'ର ନୁହେଁ ଅନୁଚର;
ସୂର୍ଯ୍ୟ ସେଇ ସାରଥି ଓ ଅନ୍ତରୀକ୍ଷ ତୁମ ଅପେକ୍ଷାରେ
ଗତିରୁ ଗତିକୁ ଯୋଡ଼େ ବିବର୍ତ୍ତିତ ଅନ୍ୱେଷାର ଏଇ ପଟ୍ଟଭୂମି,
ସେପାରିରୁ ବାର୍ତ୍ତା କହେ ଶତାବ୍ଦୀର ହଂସଡେଣା ଟାଣିନିଏ ଛାଇ ।

■

ନୀଳିମାର ମରୁଭୂମିରେ

ଗୋଟିଏ ହଳଦୀ ରଙ୍ଗର ପକ୍ଷୀ ଦୂର ବଣ ଆଡ଼େ ବସା ବାନ୍ଧିଛି,
ଅନ୍ଧାରରେ ତାରାରୁ ତାରାରୁ ଝରୁଥିବା ଶିଶିର କଣା
ଆଖିପତା ପାଖକୁ ଟାଣି ଆଣେ ଘୁମନ୍ତ ସମୁଦ୍ର;
ତୁମେ କେଉଁ ଗର୍ଭନାଡ଼ରେ ଆଶ୍ରିତ ମୃତ୍ୟୁର ଫୁଲ,
କେଉଁ ଶ୍ୱାସ ଐତିହ୍ୟରୁ ଖୋଜୁଥାଏ ଆବର୍ତ୍ତନ;
ମୁଁ ଡାକିଁ ହୁଏ ଅଧେ ନିଶ୍ଚେତନତାରେ ଚେତନାର ପ୍ରସ୍ଥ,
ତୁମେ କେଉଁ ନିର୍ଜନ ସ୍ୱପ୍ନର ଚାରାମାନଙ୍କୁ ଛୁଇଁଦିଅ ପୃଥିବୀରେ।

ବଡ଼ ଏକୁଟିଆ ସେ ପକ୍ଷୀ ଲାଜ କରେ ସାଙ୍ଗରେ ବାହୁଡ଼ିବାକୁ,
ବଡ଼ ଏକୁଟିଆ ତା'ର ନିଦ ଭାଙ୍ଗେ ନିଜେ ବାନ୍ଧିଥିବା ବସାରେ;
ବଡ଼ ଏକୁଟିଆ ସ୍ମୃତିମାନଙ୍କୁ ନେଇ ଅଟକି ଯାଉଥିବା ବର୍ତ୍ତମାନ
ଅକ୍ଷର ଗୋଲ ନ ହେଲେ କଲମ ମୁନ ପରୀକ୍ଷା କରେ;
ତୁମେ ପୃଥିବୀ ଗଢ଼ିଚ, ପ୍ରସ୍ଥ ପ୍ରସ୍ଥ ନୀଳିମାର ଚାପରେ
ନୀଳରୁ ନିର୍ଜନତା, ନିର୍ଜନତାରୁ ଟାଉଁସିଆ ଲତାପତ୍ର,
ଘେରି ରହୁଥିବା ଏକ ସମୁଦ୍ର ଶୂନ୍ୟ ହୋଇଯାଏ ମୋର ଶୋଷରେ;
କ'ଣ ଅଛି ସେଇ ଚେରମାନଙ୍କର ତପସ୍ୟାରେ...
କ'ଣ ଯେ ଏତେ ସମ୍ପର୍କ ଅଛି ଭୂଣମୁଠାରୁ କଙ୍କରିତ ପାହାଡ଼ ଯାଏଁ!

ଟିକିଏ ଅନ୍ଧାର ଥିବ ଆଖିପତାରେ, ନାନା! ଭୂଲତା ଉପରେ;
ପକ୍ଷୀ ଡେଣାରେ ଆହୁଲାଏ ତୃଷ୍ଣା, ଦାନା! ନିଃଶବ୍ଦ ଚଞ୍ଚୁରେ;
ତୁମେ ଅତି ବେଶୀ ନିଜଠାରୁ ଘୁଞ୍ଚିଯିବାକୁ ଚେଷ୍ଟା କଲେ ବି ପାରିବନି;
ସେଦିନର ମୁଖସ୍ଥ କବିତା, ସତ୍ତାର ଅଣୁରେ ଅଣୁରେ ସଂଲଗ୍ନ ଧ୍ୱନି,

ଶ୍ୱାସରୁ ଉଜ୍ଜୀବିତ ଭଲପାଇବା, ଇଚ୍ଛାର ହୃଦୟରେ ଅଙ୍ଗୀକାର;
ତୁମେ କ'ଣ ଗଢ଼ିଛ ନିର୍ଜନତାର ଅଦୃଶ୍ୟ ପରିଧି ଆକାଶ ତଳୁ,
ସେ ଯେଉଁ ପୃଥିବୀ ପକ୍ଷୀଟିକୁ ପଠାଏ ବଣପାରିକୁ
ସେ କ'ଣ ଜାଣିଥାଏ ସୁଦୂର ନକ୍ଷତ୍ରର ସ୍ୱପ୍ନ ?

ତୁମକୁ ଶୁଣିପାରେଁ , ବୁଝିପାରେଁ, ଉତ୍ତର ଦେଇପାରେଁ
ତୁମର ଅବର୍ତ୍ତମାନରେ,
ତୁମେ କାହିଁକି ଇଚ୍ଛାରୁ ଅଭୀପ୍‌ସା ଖୋଜ ?
ଅଙ୍ଗୀକାରରୁ ଅହଂକାରର ବାଟ ?
ସେଇ ଗଳି ଉପଗଳିରେ ଥକି ପଡ଼ିଥିବା ମଣିଷମାନେ
ଅନ୍ଧାରରେ ମିଶି ଯାଇଛନ୍ତି ଆମ ସର୍ତ୍ତରେ;
ସେମାନେ ଆମକୁ ଖୋଜିବେନି,
ତୁମେ ନ ଚାହିଁବା ପର୍ଯ୍ୟନ୍ତ ସେମାନେ ଫେରିବେନି
ପରିତ୍ୟକ୍ତ ବସ୍ତିକୁ,
ଇତିହାସର ନିଷ୍ପ୍ରଦୀପ ନକ୍ସାକୁ,
ସେମାନେ ଆଉ ଲକ୍ଷ୍ୟ କରନ୍ତି ଅନାଗତ ଯୁଦ୍ଧ,
ବିଭୀଷିକାର ଛାଇ,
ସେମାନେ ଆଉ ସଂଶୋଧିତ କରନ୍ତି
ପ୍ରାଣୀ ଆଉ ଉଦ୍ଭିଦର ଉତ୍ପାଦନ କ୍ଷମତା ।

ନିର୍ଜନ ହେଲେ ଆମ ଅସ୍ତିତ୍ୱର ବନ୍ଧନୀ-
ଆହା ! ଜଳି ଉଠନ୍ତି ଆକାଶରେ ପୁଞ୍ଜେ ତାରା,
ଚୁପ୍‌ଚାପ୍ କଥା ହୁଅନ୍ତି 'ମୁଁ' ଯେଉଁଠି 'ତୁମେ' ହୋଇଯାଏ
ଧାରଣାରେ;
କିଏ ଭୁଲ୍ ବୁଝିଛି ଗ୍ରୀଷ୍ମର ପାହାଡ଼, ବର୍ଷାର ସଙ୍ଗୀତ ଓ ଶୀତର ଶ୍ଳୀଳତା;
କିଏ ଭୁଲ୍ ବୁଝିଛି ହଳଦୀ ରଙ୍ଗର ପକ୍ଷୀର ଆବିର୍ଭାବ ଓ ବିଲୟ !
ଆମ ସଜ୍ଞାନତାରେ ଥକି ପଡୁଥିବା ଅନ୍ଧାର ସମୁଦ୍ର ଗର୍ଭର ସ୍ମୃତି;
ଆମ ଅଜ୍ଞାନତାରେ ଥକି ପଡୁଥିବା ଅନ୍ଧାର ଅରଣ୍ୟର କ୍ଲାନ୍ତି;
ତୁମେ ନିର୍ଭୟ ହୁଅନି କାହିଁକି ଭେଟ ହେବାର ନିର୍ଣ୍ଣୟରେ,

ତୁମେ କେତେ ଲୀନକର ଆତ୍ମା ଭିତରେ
ଆତ୍ମାର ଜନ୍ମ, ମୃତ୍ୟୁ ଓ ଜୀବନ ପ୍ରାର୍ଥନା;
ସେମାନେ ଆପଣାର କହୁଥିବା ପ୍ରେମିକଟି
ପୃଥିବୀର ନିଶ୍ଚେତନାରେ ଚେତନାର ପ୍ରସ୍ଥ ଢାଙ୍କିହୁଏ।

ଆଉ କୁହ, ତୁମ ମୋ ଯୁକ୍ତିହୀନ ସମ୍ପର୍କର ସହଜ ଭାଷ୍ୟ...
ଟିକେ ଉତ୍ତାପର ଝଲକ ଥାଏ ଫୁଲ କେଶରରେ;
ବର୍ଷାର ଝିପ୍‌ଝିପ୍ ଡାଳ ବେଳେବେଳେ ଛୁଇଁଦିଏ ଭୂଲତା;
ଶୀତ ଚୋରାଇ ନିଏ ପତ୍ରରୁ ଅବଶୋଷର ଶ୍ୱାସ;
ସହଜରେ ହଜି ଯାଉଥିବା ସ୍ୱପ୍ନସବୁ
ଆକାଶରୁ ମାଟିଆଡ଼େ ହାତ ପାତନ୍ତି,
ସମୂହ ଅଭୀପ୍‌ସା ବେଳେବେଳେ
ତାରାଙ୍କ ଗହଣରୁ ଫେରିପାଏ ଗତି,
ତୁମେ ଅମାନିଆ ହେଲେ ଆଜି ପାଇଁ
ଫେରାଇ ଦିଅ ଆଗକୁ ଯିବାର କବିତା ପଂକ୍ତି।

ଅନ୍ଧାରରେ ଅଛି ସେଇ ହଳଦୀରଙ୍ଗର ପକ୍ଷୀ,
ଦମ୍‌କାଏ ପବନ କାନି ଟାଣିଲେ କୁଆଡ଼େ ପାଦ ବଢ଼ାଅ-
ଦୁଷ୍ଟ ଇଚ୍ଛା ବଳି ଦେଇଛି ସୂର୍ଯ୍ୟ ଲିଭିବାବେଳେ
ଶିଶୁ ହାତରେ ପ୍ରଜାପତି;
ସେମାନେ ତାରା ହୋଇ ପହଁରି ବୁଲନ୍ତି ଅନ୍ଧାରରେ,
ଇଚ୍ଛାରୁ ବିପଦ ଆଡ଼କୁ ଖେଦା ତିଆରି କରୁଥିବା ଛାୟାମୂର୍ତ୍ତି
କେତେ ବ୍ୟର୍ଥତାର ପ୍ରଲୋଭନ ଠାବ କରନ୍ତି ସର୍ତ୍ତରେ;
ତୁମକୁ ମୁଁ ବୁଝିପାରେଁ ନିରାପଦ ଦୂରତ୍ୱରୁ,
ସେମାନେ କିଏ ପୃଥିବୀରେ ଦିଗ ହରାଇ ଆକାଶକୁ ଚାହୁଁଥିବା ପାନ୍ଥ!
ଆଉ ନିର୍ଜନତା ଅନ୍ଧାର ଚୋରାଇଲେ
କବିତାର ପଂକ୍ତି ଲେଖିହୁଏ ହୃଦୟରେ,
କି ସର୍ତ୍ତରେ ତାରାର ଆଲୁଅ ବିଭକ୍ତ ହୁଏ
କେହି ଜଣେ ଏକୁଟିଆ ବୁଲୁଥାଏ ନୀଳିମାର ମରୁଭୂମିରେ

■

ବର୍ଷା... ବର୍ଷର ପ୍ରଥମ ବର୍ଷା

ନଈବନ୍ଧରେ ଧକଉଥିବା ଠେକୁଆ,
ଶିମିଳି ଡାଳରେ ପାଉଁସିଆ ରଙ୍ଗର କାପ୍ତା,
ଅଧା ଜଳିପୋଡ଼ି ଆକାଶକୁ ଚାହିଁଥିବା
ଶାଳ ଓ ମହୁଲ,
ପୋଡ଼ା ଭୂଇଁରେ ଅପେକ୍ଷା କରିଥିବା କୃଷକ,
ନିରକ୍ତ ତମାଳଲଟା ଓ
ଶୋଷରେ ଛଟପଟ ହେଉଥିବା ସରୀସୃପ,
କ୍ଳେଶରେ ଆତ୍ମଗୋପନ କରୁଥିବା କାଠବେଙ୍ଗ,
ତତଲା ବାଲିରେ ଗଡ଼ି ବୁଲୁଥିବା କୁକୁର,
ଝିଁ ଝିଁ ଡାକରେ ଥକି ପଡୁଥିବା ଝିଙ୍କାରୀ,
ଲହୁଲୁହାଣ ହୋଇ ଟିଣଡବା ବଢ଼ାଉଥିବା ଭୀକ୍ଷୁ,
ପଙ୍କ ତଳେ ସମାଧିପାଇଁ ମୁଣ୍ଡ ଗୁଞ୍ଜୁଥିବା ମାଛ,
ତନ୍ତକଣ୍ଟାରେ ଡେଣା ଭାଙ୍ଗିଥିବା ପ୍ରଜାପତି,
ଭଙ୍ଗାପିଆଣରେ ଖସି ପଡ଼ିଥିବା କୁକୁଡ଼ାଚିଆଁ,
ଉଇହୁଙ୍କାରୁ ଡାଳଆଡ଼େ ଉହୁଙ୍କି ପାରୁ ନ ଥିବା ଛେଳିଛୁଆ
ଆକାଶରେ ବଜ୍ର କୁହାଟିଲେ ଚମକି ପଡ଼ନ୍ତି।

ଡାକବାଲାକୁ ଦେଖିଲେ ପିଲାମାନେ ହୁରି ଛାଡ଼ନ୍ତି,
ମେଘ ପିଟିହେଲେ ଗଉଡ଼ପିଲା ଡାଳରୁ ଡେଇଁପଡ଼ନ୍ତି,
ଧାଡ଼ିଏ ବଳାକା ଓହ୍ଲାଇ ପଡ଼ନ୍ତି ମହୁଲବଣକୁ, ଶାଳ ଆଗକୁ;
ଚାଷୀ ବାପୁଡ଼ା କେଣେ ସାବ୍‌ଜା ସାପ ମଳା ବାନ୍ଧୁଥିବାର ଦେଖେ,
କୁଦି ପଡ଼ିଲେ ବେଙ୍ଗ ପତଙ୍ଗ ପାକୁଳାଏ,

ଗଛକୁ ଉଠେ କଉମାଛ, ପୋଖରୀହୁଡ଼ାକୁ ମାଗୁର;
ତୁମ ମୁଦି ଆଙ୍ଗୁଠିରେ ପ୍ରଜାପତିର ପାଂଶୁ,
ଭାଡ଼ିକୁ ଉଠେ କୁକୁଡ଼ାଛୁଆ, ନୁଆଣି ପଥରକୁ ଲଡ୍ଡୁଆ ଛେଳି;
କେଉଁ ମନ୍ତ୍ରରେ ଆଉଥରେ ଅଗ୍ନିପିଣ୍ଡକୁ ଧୋଇଦିଏ ବର୍ଷା ।

■

ଏଇ ଯେ ବୁଢ଼ାବାବୁ

ଅନେକ ବୁଢ଼ାଲୋକେ ପୂରାପୂରି ଡ୍ୟାମେଜ୍‌ଡ୍,
ଶୀତରାତି ବଢ଼ିଲେ ହାତଗୋଡ଼ ହେମାଳ;
ଉହ୍ନେଇ କଡ଼ରୁ କେହି ହାତ ଧରିଲେ ଉଠନ୍ତି ବିଛଣାକୁ;
ଦୁଃସ୍ୱପ୍ନରେ ଧଡ଼୍‌କରି ଖୋଲିଯାଏ ପଟେ ପଞ୍ଜରା କାଠି-
ବାବନା ଭୂତ ନା ଗଧିଆ ଗଣ୍ଡେ ଗଡ଼ିବୁଲନ୍ତି ଅନ୍ଧାରରେ;
ଅଥଚ ଦୁଆର ଫାଙ୍କରୁ ଦେଖିଲେ ଉନ୍ନିଦ୍ର ଧ୍ରୁବତାରା।

ଅନେକ ବୁଢ଼ାଲୋକ ଘୁଷୁରି ହେଉଥାନ୍ତି ଖରାଦିନେ-
ପବନ ଖାଇବା ପାଇଁ ଫତେଇ ପିନ୍ଧି ଚାଲିଥାନ୍ତି ପଡ଼ିଆରେ;
ସମୁଦ୍ର କୂଳରୁ ଘର ଯାଏଁ ସାଙ୍ଗରେ ଥାଏ ନାତିଟୋକା;
କେବେ ଖରା ମଉଳିବା ଆଗରୁ ଖପୁରୀତଳ ଝିମ୍‌ଝିମ୍
ଦିଗ୍‌ବଳୟର ଆକାଶ ଧୂମାଭ ଓ ପାଣ୍ଡୁର,
ଆଖିପତାରୁ ନିଗିଡ଼ି ଆସୁଥିବା ଝାଳରେ କ୍ରୁଶବିଦ୍ଧ ସୂର୍ଯ୍ୟ।

ଅନେକ ବୁଢ଼ାଲୋକ ହନ୍ତସନ୍ତ ହୁଅନ୍ତି ବର୍ଷାବିପ୍ଳାତରେ
ଧାତୁପାତ୍ରରେ କଫ, ପାନକୋରାରେ ଆଉ ପଚେ ଦୋକ୍ତା
ଝଡ଼ ଚିର୍ଚ୍ଛିରେଇଲେ କାମତୁଣି ବଢ଼ାଇଦିଏ ଆଉ କପେ ଚା'
ନା ବିଜୁଳିକୁ ଡରେ ଚଷମା, ବଜ୍ରକୁହାଟକୁ ବାରହାତି ପାଗ;
ଘରକୋଣେ ଆଖି ବୁଜି ବସିଲେ ନାତ ମାରେ ବେଙ୍ଗ
ଦ୍ୱିତୀୟ ପକ୍ଷ ଠା' ପାଇଁ ଡାକିଲେ ନିଦ ଭାଙ୍ଗେ ଓ
ଶୁଆଟିଏ କହେ, "ଏଇ ଯେ ବୁଢ଼ାବାବୁ!"

ନକ୍ଷତ୍ର କେବଳ

ବହି ସେଲ୍‌ଫରେ ଥିବା
ମଲାଟରୁ ସେମାନଙ୍କ ମୁହଁ
କଥା କହେ ମଧ୍ୟରାତ୍ରିରେ,
ପୋର୍ଟ ଉପରେ ସତର୍କରେ ଅଙ୍କିତ
ଦ୍ରୁତ ସ୍ୱାକ୍ଷର ସବୁ
ମନେ ପକାଇଦିଏ କାଳାନ୍ତର ଅନୁଚିନ୍ତା,
ଫେରାଇବାକୁ ହୁଏ ନାଇଁ
ଋଣ ଭୁଲିଗଲେ ବି ହୃଦୟର ମୂଳ;
ଆଉ ଅନ୍ଧାର ନକ୍ଷତ୍ର ହୋଇଯାଏ
ଗଭୀର ଅବଚେତନରେ ।

■

BLACK EAGLE BOOKS

www.blackeaglebooks.org
info@blackeaglebooks.org

Black Eagle Books, an independent publisher, was founded as a nonprofit organization in April, 2019. It is our mission to connect and engage the Indian diaspora and the world at large with the best of works of world literature published on a collaborative platform, with special emphasis on foregrounding Contemporary Classics and New Writing.

www.ingramcontent.com/pod-product-compliance
Lightning Source LLC
Chambersburg PA
CBHW020543080526
44583CB00013B/964